フレッシュ先生のための「はじめて事典」

監修・向山洋一
編集・木村重夫

学芸を未来に伝える
学芸みらい社
GAKUGEI MIRAISHA

まえがき

本書は、教師の「初めての仕事」「心構えや気配り」そして「初めての授業」を満載した『学校便利事典』である。多くの現場の教師の知恵を集めて編集した。

教職五年目くらいまでのフレッシュ先生や教師をめざす学生に最適の一冊である。

むろん、ベテラン先生にとっても「今さら聞くに聞けない」大切なことが確認できる貴重な一冊である。

なかでも昨日まで学生だった超・フレッシュ先生にとって、この本はバイブルになるにちがいない。


超・フレッシュ先生は不安でいっぱいだろう。

——初めて出勤する日。

どんな服装にするか。持ち物は何か。何時までに出勤するか。どんな挨拶をするか。


——初めての会議。

先生方が何を話し合っているのかよくわからない。

「教育課程」「校務分掌」「校内研修」……飛び交う用語がよくわからない。


——まだ見ぬ子どもたちを迎える準備が始まる。

先輩先生の見よう見まねでスタートする。

クラス名簿の作り方、教室の靴箱やロッカーへの名前の貼り方。

給食当番やそうじ当番の仕組みをどうやって作るか。

子どもの名前をどうやって覚えるのか。

――そして出会いの日。

子どもに好印象をもってもらうにはどうするか。

最初の日に何を話し、何を決めるのか。

「やんちゃな子たち」への対応をどうするか。

子どもがケンカをした時やケガをした時、どうするか。


――初めての国語、初めての算数、初めての体育。

子どもたちに勉強好きになってもらいたい。何を、どのように教えるのか。


――学級崩壊にならないようにクラスを統率し、明るく仲の良いクラスにするには、どんな準備をして、どのようなスタートをきればよいのか。


分からないことだらけだと思う。

「そのうち分かるだろう」とのんきに構えていてはいけない。

分からないことは進んでたずねる。教えてもらう。自分でも調べることだ。本書が役に立つ。

本書は、学校で必要な73のテーマを見開き二ページずつコンパクトにまとめた。いつでも、どこでも、その場で読んで役立つように工夫してある。

本書を大いに参考にして、素晴らしい教師生活をスタートさせてほしい。

二〇一三年三月一日

木村　重夫

目次

第5章 最初の授業

第1章 初出勤・初会議

①フレッシュ男性教師の持ち物
何が必要か、チェックリストで確認しよう！

神奈川県川崎市立新町小学校　田丸義明

一　もち物チェックリスト

用意したい物をリストに整理してみる。

	持ち物	チェック
1	スーツ・革靴・鞄	
2	ジャージ	
3	上履き	
4	外履き（校庭用）	
5	筆記用具	
6	ノート	
7	手帳	
8	印鑑	
9	マグカップ	
10	菓子折り	

二　初日の服装

通勤にはスーツ

スーツ着用は社会人として当然である。通勤途中に保護者、子どもに会うこともある。スーツは黒系の一般的なもの、ネクタイは春らしいさわやかな色のもの、ワイシャツは白系のものがよい。スーツに合うようにビジネス用の鞄も用意しておこう。本やノート、書類などが入るようにA4サイズ対応のもの、小物も収納できるようなポケットがついたものがおすすめである。

学校内はシューズ

校内での上履きは、スリッパやサンダルではなく、シューズがよい。地震など緊急の時に一番動きやすく安全なのはシューズである。歩くときに「ペタペタ」という音がする履物はNG。子どものなかには、そのような音が気になって学習に集中できない子もいる。体育などで使う校庭用のシューズも必要である。

職員作業はジャージ

四月は特に、教室移動、備品整理などの荷物整理の作業がある。その時は、スーツでは作業しにくいのでジャージに着替える。体育や作業の時にはジャージ、授業や出張の時などにはスーツ、と使い分けられるように常にロッカーにスーツとジャージの両方を用意しておく。

三　すぐに必要な持ち物

約一週間で子どもたちとの出会いである。それまでにたくさんの仕事をこなしていかなくてはならない。学級の子どもの名簿作成から、学年の先生との打ち合わせ、職員会議……と、出勤初日から様々な仕事をしていく。

やることをメモしておくノートとスケジュール用手帳

ノートを用意して、やること、やりかた、いつまでにやるかなどをメモしておく。

また、手帳を一冊用意する。私はA5かB5のサイズで見開き二ページに、それぞれ一週間の予定とフリースペースがあるものを使用している。

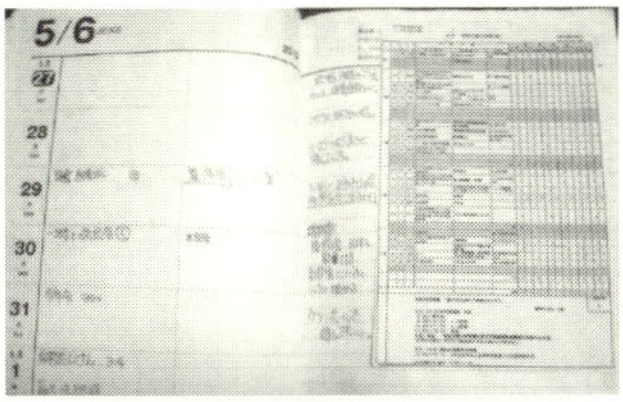

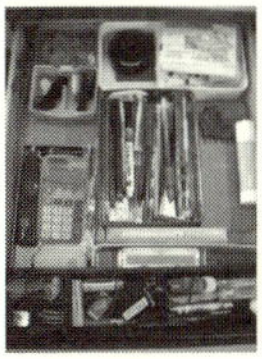

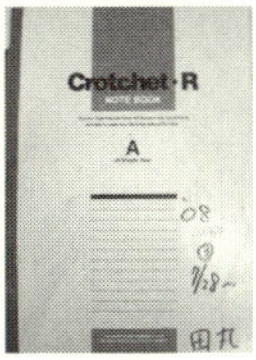

公簿には印鑑

出勤簿や通知表、出席簿など各種公簿、書類などへ捺印する印鑑が必要となる。公印として使用できるものを用意しておこう。

お茶飲み用のマグカップ

お茶を飲むときには、自分のマグカップを使う。

菓子折りは人数分

職員の先生方用に菓子折りを用意しておくと喜ばれる。決して高価なものでなくても構わない。学校には、担任の先生以外にも、用務・事務・給食調理の方々などたくさんの方がいる。一人一つ渡せるように数に配慮しておくことが大切である（他県出身の場合ならばご当地名物のものだと一層喜ばれるだろう）。

四　あると便利な持ち物

早めに用意しておくと便利なものは次のものである。

ただし、学校で用意してくれるものもある。

文房具……黒・赤ペンやマジック、消しゴム、修正液（修正テープ）、付箋（大・小）、はさみ、のり、じょうぎ、クリップ、ホチキス、セロテープ、ファイルなど、いつでも使えるように手元に置いておこう。

小銭……お金をくずしたり、支払いをしたりする時のために小銭を用意しておくと意外と便利。

電卓……会計などで使用する。打ち間違えのないよう、大きめのものがおすすめ。

第1章 初出勤・初会議

②フレッシュ女性教師の持ち物

初日から「仕事をする」意欲を見せる

埼玉県さいたま市立大東小学校　廣川美保子

学校に持っていく持ち物を考える大原則はこれだ。

> 初日から、仕事ができるような持ち物を考える。

物事は最初が肝心である。最初「常識のない新任だなあ」と思わせてしまったら終わりである。逆に最初がキマるとその後もとても仕事がしやすくなる。私が臨時採用として初めて勤務校にあいさつに行ったとき、ハンカチ、ティッシュ、筆記用具、メモ帳、印鑑くらいしか持参せずとても恥ずかしい思いをした。およそ、仕事をするのだという気構えに欠けていたのだ。大事なのは、あいさつに行くその時から、私たちは職員だということである。その人の持ち物には「仕事をする意欲・気構えがあるか」が如実に表れてしまうのだ。すぐに働ける準備をして行くべきである。

以下初日に出勤するための必携品を挙げてみる。

一　上履きの運動靴

職員玄関にはもちろん来客用スリッパが用意してある。しかし、それを借りてはならない。必ず上履きを履くべきである。中にはサンダルを履いている教師もいる。私も履いていたことがあったが、当時の教頭に「教師は何かあったらすぐに走って行けるようにしておかなくちゃいけない。一流の教師は皆運動靴だ」と指導された。向山洋一氏ももちろん運動靴だ。女教師であっても運動靴を履くべきだ。

二　ジャージ（運動着）

いつでも作業ができる服装を準備して行くべきだ。例えば、教室移動、清掃、職員作業などがある時はジャージでやった方がいい。以前合宿で、中野幸恵氏に「エプロンを持って行くといいよ」と教えてもらった。初めはわけがわからなかったが、エプロンをしている人としていない人とでは明らかに動きが違った。エプロンをしているだけで「あそこに飲み物が足りないな」と気づくのである。形から入るのも大切なことだったのだ。もちろん職員作業などで着替えない職員もいるが、服装にはやる気が反映する。見てくれで評価してくれる人は意外と多いのだ。

三　自前の湯飲み（底に名前を大きく書いておく）

自前の湯飲みを持参することは大切だ。さらに、自分のものを所定の場所に置く際に、お茶や急須の位置を確認する。その際にその管理職の湯飲み、同学年の職員の湯飲みをチェックしておく。できれば、その日の昼食から積極的にお茶汲みに取り組みたい。私は初任者のとき、管理職のものも準備していた。「お茶汲みが子どものためになるのか」と言う人もいる。私も以前はそんな風に思っていた。

しかし、実際にただお茶を汲むだけでいいことがたくさんあった。皆に「ありがとう」と言われ、「若いのに偉いわねえ」とベテラン先生にもほめられ、給湯スペースでいろいろな先生と仲良くなれた。そして何よりたくさんの先生方に自分のクラスの児童を可愛がってもらった。たかがお茶汲み、されどお茶汲みなのである。

四　学区内の地図

勤務初日に学区内の地図をインターネットでプリントアウトして持って行く。たったこれだけで他の先生と差がつくアイテムである。

学区内の危険な場所や子どもが集まる場所、通学路の確認に使える。今は集団登校が多いので、「水色コース」や「赤コース」など、通学コースを色別で確認しておくとよい。

五　菓子折り

菓子折りは大切だ。初出勤日にはほぼ全員の先生が持参する。（自治体によっては控えている所もあるかもしれないが）持参しない方が目立ってしまうかもしれない。出勤日前に事前に職員数を聞いておく必要がある。

以前、伴一孝氏から「物って大事ですよ」と聞いた。伴氏はセミナーなどで遠出した時は必ず同僚の先生らにお土産を買って行くという。

伴氏は言う。「感謝（の気持ち）を物で表すんです」

言葉は大切だ。言葉で感謝の気持ちを表すのは当然だ。それに物を足すのである。私は伴氏にその話を聞いてからすぐに追試した。出張や病気でクラスを空けたとき、長い休みのあと、学年の先生らの誕生日などに、ちょっとした物を買って行った。初めは特に何も考えず追試していたが、次第に、若輩者の私を指導してくれ、可愛がってくれる同僚の先生方に大きな感謝の気持ちが生まれてきた。たかが菓子一つだがとても重要だ。物は気持ちを表すのである。

六　同僚に気配りを

同僚の先生に用意してもらって、とても助かったものを挙げる。自分では思いつかなかった物である。

・チューリップや小人《こびと》の掲示物
・「係」「めあて」の掲示用の台紙
・「進級おめでとう」の掲示物

さりげなく「よかったらお使いください」と置いてくれた。凄いと思った。自分の頭で考え、素晴らしいスタートを切るためにも、できることから追試してみてほしい。

③服装・上履き・マナー

神は細部に宿り給う
身だしなみ、マナーで第一印象アップ！

東京都江戸川区立清新第三小学校　水谷洋克

民間に勤める社会人であれば、身だしなみにはかなり気を使うはずだ。教員も、同じでありたい。

一　服装、身だしなみ

（1）男性の場合

髪型は短髪がよい。長くても清潔感をたもとう。茶髪、金髪はNGだ。もちろん、ひげはそっておこう。

服装は、基本はスーツである。シャツは清潔感のある白を着よう。ネクタイはスーツに合う色のものにしたい。派手なものは避けよう。スーツは、黒、紺、グレーなど落ち着いた色のシングルがよい。ソックスもスーツに色を合わせよう。靴は、黒の革靴がよい。履く前日に磨いておこう。

（2）女性の場合

前髪は自然に上げるのがよい。髪の長い人は、後ろでまとめよう。お辞儀をしたときに前に垂れないようにしたい。茶髪、金髪はNGだ。メイクは、ナチュラルメイクがよい。

服装は、男性同様、基本はスーツがよい。黒、紺、グレーなどの色を選ぼう。スカートは、膝が隠れるくらいで。ブラウスは白の他、淡い色が良い。靴は、スーツに合ったものを選ぼう。

また、男性女性両方であるが、次の事に気を付けよう。

> 動きやすい服を持っていくこと。

四月一日には、清掃や道具の整理など、作業をする学校が多いだろう。スーツだけだと初日から動けなくて困ることになる。ジャージに限らず、エプロンを用意しておくのもいいだろう。

二　上履き

教員の上履きは、

> スニーカーが基本だ。

理由を次に述べる。

（1）授業中、音が鳴らないようにするため

教師の仕事の第一は、授業だ。革靴やハイヒール、サンダルで授業をしていたのでは、歩いた時に音が鳴る。その音が子どもの集中を妨げることもある。

（2）動きやすくするため

非常事態に動きやすいという利点がある。子どもが怪我をしたとき、けんかをしたとき、あるいは地震、火災などの時、スニーカーが力を発揮する。

当然、スーツにスニーカーとなる。黒系のスーツに真っ白なスニーカーでは、コントラストが激しい。落ち着いた色のスニーカーを履くことを勧める。同時に、運動ができる外履きを用意しておくことが望ましい。

赴任と同時に、自分の靴箱がどこにあるのかも確認したい。わからなければ、自分から進んで主事さん（用務員さん）や他の先生方に聞くことだ。

また、次のことをするとよい。

自分の靴を、子どもと同じ靴箱にしまう。

子どもと同じ靴箱を使用することで、子どもが靴を揃えてしまうことができているか、確認することができる。靴箱は、子どもの様子を表すと言われている。

三　マナー

（1）あいさつは自分からしよう！

「おはようございます。新しく赴任しました○○です。よろしくお願いします。」

このように、自分からあいさつをしよう。廊下で、職員室で、校長室で、様々なところであいさつをすることになる。また、主事室や給食室、保健室などにも自分から行こう。四月一日に、全職員にあいさつをしたい。

（2）わからないときは自分から聞こう！

新卒教師は仕事がわからなくて当然である。質問されて嫌な顔をする先輩は、まずいない。何も質問しなければ、誰も教えてくれない。わからないことは、笑顔で、自分からどんどん聞こう。わからないことを聞けることは、新卒教師の特権だ。教えてもらったら、「ありがとうございます。」とお礼を言おう。

（3）その他

①朝は早めに出勤しよう。
②校舎に入るときは、コートを脱ごう。
③返事ははっきりと「はい」と言おう。
④ペンとメモ帳を持っておこう。教えてもらったことをすぐにメモできるようにしたい。
⑤勤務する学校のことを知っておこう。特色や力を入れていることなどを、HPなどで事前に調べることができる。礼儀正しくすることで、職場で信頼される教師になろう。

【参考文献】
向山洋一『続・授業の腕をあげる法則』（明治図書）

第1章 初出勤・初会議

④校長先生へのあいさつの仕方
あいさつは、礼儀正しく・謙虚に・笑顔で！

神奈川県川崎市立新町小学校　田丸義明

一　あいさつの仕方のポイント

校長先生へのあいさつの仕方のポイントは、

1　礼儀正しく
2　謙虚に
3　笑顔で

の三つが挙げられる。

二　礼儀正しく

礼儀正しくとはどういうことか、新卒の社会人向けに書かれた本には大体、次のようなことが書かれている。

1　あいさつや返事をしっかりとすること。
2　言葉遣い（敬語を使う）に気をつけること。
3　時間を守ること。

どれも社会人として大切なことである。また、これからずっと必要とされることでもある。もし、不安があるならば、書店のビジネスコーナーへ行って、マナー辞典などを購入されることをおすすめする。イラスト入りで分かりやすい本がたくさんある。

時間については、十分程度余裕をもって到着できることを意識する。「少し早いかな」と思えるぐらいがちょうどよい。

三　謙虚に

講師や臨任としてこれまでに教壇に立っていた方、塾等で教えていた方、ボランティア等で子どもたちと接してきた方、大学をはじめ、様々な勉強会で学んでこられた方……様々な経験をされてきた方々がおいでだろう。その経験は非常に大切なものである。

しかし、採用されてはじめて教員として働く限りは、校長先生をはじめ、現場の先生方に「教えていただく」立場となる。「自分は経験があるから大丈夫」「〇〇で学んできたから、知っている」という態度ではなく「教えていただこう」という謙虚な態度が必要である。あいさつの際に校長先生からこれまで経験してきたこと等について質問されることもあるかも知れない。経験を活かしつつも、初めての場であることから、先輩の先生方から学ばせていただくという姿勢を伝えるとよい。

四　笑顔で

校長先生や他の職員の先生方とは、これから毎日仕事を共にしていくことになる。一緒に過ごしていく中で、やはり、笑顔でいるということは、非常に大切である。これは子どもや保護者に対しても同じである。

暗い顔、悲しそうな顔をしていると相手も落ち込んだ気持ちになる。逆に、笑顔でいることは周りを明るくする。最初のあいさつの段階から、笑顔で明るく過ごしていれば「一緒に働きたい人だな。」と思ってもらえる。

笑顔のポイントとして、

上の歯を見せる

ことを意識するとよい。上の歯を見せようとすると、口角が上がる。これだけでも自然と笑顔になる。さらに、

目尻にシワをつくる・目尻を下げる

と、目も笑ったようになる。ただ「笑顔でいよう」と思うよりも「上の歯を見せる」「目尻にシワをつくる」と意識するだけでずいぶん変わる。

五　どのようなことを話すのか

校長先生と一体どんな話をするのだろうか？

地域や学校、校長先生によっても違う。また、新卒・講師・臨任からの採用かなど立場の違いはあるが、例として

- 講師等経験者の方ならば、過去に担任した学年や学校での仕事のことなど、これまでの経験のこと。
- 専攻やゼミ、サークルなど学生時代にやっていたこと。
- 子どもの様子や、学校として力を入れている教育内容、地域のことなど勤務校の特徴。
- 担当する学年や担当を希望する学年。
- 自家用車使用の可否など交通手段に関すること。
- 自分の出身地のこと。
- 趣味のこと。

などが挙げられる。通勤手段などは、学校ごとに違う場合がある。事前に聞いておきたいことがあれば考えておくとよい。

六　明るく前向きな想い

あいさつの際の服装はスーツが基本である。男性ならば、黒系の一般的なスーツに春らしいさわやかな色のネクタイ。ワイシャツは白系のものがよい。女性ならば華美になりすぎない程度のオシャレをおすすめする。

校長先生はあなたを、これから一緒に学校をつくっていく、子どもたちを育てていく「仲間」としてあたたかく迎えてくれるだろう。緊張するだろうが、

この学校で、先生方と子どもたちと一緒に過ごすことにわくわくしている

という、明るく前向きな想いを持ってあいさつすることだ。校長先生にも自分にも、気持ちのよい出会いになるだろう。

⑤職員室でのあいさつの仕方

第一印象でその後が決まる！職員室で好印象を与えるポイント3つ

長野県長野市立三本柳小学校　高見澤信介

四月一日。新規採用者の一日は次のようにはじまる。

（勤務校の場合）

（1）八時十五分までに出勤
（2）控室で待機
（3）校長室にて辞令交付
（4）職員室にて新任職員紹介
（5）職員室の自分の机に移動
（6）休憩
（7）職員会

職員の前であいさつをするのは（4）である。初めて全職員が顔を合わせる瞬間だ。

「第一印象でその後が決まる」と主張する本があるほど、第一印象というのはあなどれない。

同僚の先生とは一年間付き合っていく仲である。好印象で終えたいところだ。

ポイント①　職員室の一番奥にいる先生まで届く声で

例えば次のようにあいさつをするとしよう。

「今年からお世話になります、高見澤信介です。昨年度まで信州大学で特別支援教育を専攻していました。初めての学校で分からないことがたくさんあります。色々と教えてください。よろしくお願いします。」

この時に意識するのは「職員室の一番奥にいる先生まで届く声」で話すことである。

教師は話すことも専門とする仕事である。「全員に声を届ける」というのは毎日必要なことになる。

小さい声で聞きとりづらかったり、しどろもどろした話しぶりだと、「ちゃんとやっていけるかな」と悪い印象になりかねない。

ところで、職員数が多い学校だと、一人一人あいさつをしない可能性も高い。一人の先生（多くはベテランだと思われる）が代表して行うのである。

しかし、名前を呼ばれ返事をする機会はあるだろう。その時は返事がポイントだ。

例えばこのような場面となる。

校長「それでは、本校に新しく見えられた先生方を紹介します。まず、○○先生」

自分「はいっ！」

やはりこの返事も職員室の一番奥にいる先生まで届く声で行いたい。意識すると、自然と明るくハキハキした声となっているだろう。

ポイント②　話は短く

次の文をご覧いただきたい。TOSS代表の向山洋一氏が新卒で臨んだ最初の職員会での記録である。

> 私のあいさつは次のようであった。
> 「せめて子どもの可能性をつぶさない教師になろうと心に期しております。いささかはねっかえりのある人間ですが、気弱なためとご理解下さい。今後のご指導をよろしくお願いいします。」
> 前おきなしに本論に入るのが、今日もかわらぬ私の話し方である。
> （向山洋一著『3年の授業・3年の学級経営』明治図書）

インパクトが強い。スッと頭の中に言いたいことが入ってくる。それはスパッと短い話であるからだと考える。

あいさつの時間は、どんなに長くとも十五秒以内であろう。

ポイント③　あいさつは自分からせよ

翌日からは他の職員と同じように出勤する。

職員室へ入る前、どのようにあいさつをすればよいだろうか。

私の学校では次のようにあいさつをする先生が多い。

「おはようございます」

朝一日のスタートを切る一番最初の声である。やはり職員室の一番奥にいる先生にまで聞こえるぐらいの声を出したい。教室で子どもたちにあいさつをする準備運動にもなっている。

では退勤する時はどのようにすればよいだろうか。

これは「お先に失礼します」と言って帰る人が多い。

向山氏は『教え方のプロ・向山洋一全集2　プロの資質を磨く若き教師の三年間』（明治図書）で「新卒教師の十カ条」を示している。

その第一条が「あいさつは自分からせよ」である。

これは子どもや同僚へあいさつをすることを主としている。しかし保護者、地域の人たちにも同じことが言える。

第1章 初出勤・初会議

⑥初めての職員会議にのぞむ

聞き逃してはならない「自分の仕事分担」「大事な連絡」

長野県長野市立三本柳小学校　高見澤信介

一　最初の職員会に使えるおすすめグッズ

①ラインマーカー　②付箋　③メモ帳

最初の職員会では各担当が次々と書類を読みあげていく。その際、聞き逃してはならない大事なポイントがある。

1　自分の名前が書いてある所
2　締切日のあるもの
3　自分の学年が書かれているもの

これらは緊急に必要なもの、または一年を通してあなたに関わることである。

よってこれらの部分にはマーカーを引くとよい。

また、次のことも必要になる。

4　分からないところには？マークを書く
5　提出書類はメモする
6　子どもに伝える必要がある連絡や学校で決められたルールには付箋を貼る

4はあとで同僚の先生に聞くためだ。

向山洋一氏は『教え方のプロ・向山洋一全集2　プロの資質を磨く若き教師の三年間』（明治図書）で「新卒教師の十カ条」を示している。

その中に次のものがある。

第二条　分からない時には自分から教えてもらえ

初任だから分からないことがあって当たり前である。分からないことがあったら、自分から「教えてください」とお願いに行くことだ。まわりの先生も親切に教えてくれる。聞かないと分かっていると思われ教えてもらえない。

5は「やり忘れ」のないようにするためのものである。「ＴＯ ＤＯリスト」ともいう。

左側に提出物や提出先を書き、右側には締切日を書いておく。

終わったものは線で消す。未提出物が一目瞭然となる。

　6は例えば初日の職員会で「今年度からは雨の日のトランプ遊びを禁止する」と決まったとする。

　職員会で決まったことは学校の「一つのルール」となる（もし納得できなければ、意見をすればよい）。子どもたちに伝えないと昨年度通りに子どもたちはしてしまう。

　連絡忘れのないように付箋を貼っておく。連絡をしたら、はがせばよい。

to do リスト

~~学級名簿を3部用意~~

~~→教頭先生へ　4/11(木)~~

~~連絡網作成　4/12(金)~~

家庭訪問日程　4/16(火)

『わたしの体』にゴム印

→保健室へ　4/18(木)

二　仕事を効率的にこなすコツ〝仕事術〟を学ぼう

183枚

　私の勤務校で四月一日に配布されたプリントの量だ。A4サイズにして高さ2cmほどの書類の山である。

　そこには一年間の学校の動きや学校の決まりなどが書かれている。『教育計画』といい、ファイルになって渡される学校もあれば、冊子として渡される学校もある（稀に、このような『教育計画』がない学校もある）。

　これをもとに最初の職員会が行われる。

①学校の決まりの確認
②一年間の行事等の予定
③年度当初に準備する書類

などが中心に扱われる。

　しかしながら、初めて聞く言葉も多く、校舎の間取りも分からない状態で臨むため、何が何だかわからない状態になってしまうだろう。

　だから先述の1~6のようなことが必要になるのである。

　ところで、教師の一番の仕事は授業である。それは紛れもないことだ。

　しかし、提出書類作成や行事の計画等、事務仕事が多いのも現実である。

　そんな時、仕事を効率的にこなすコツがある。「仕事術」という。

　先に紹介した「TO DOリスト」もそのうちの一つだ。

　毎年三月~五月に全都道府県で開かれる「TOSS教え方セミナー」や全国各地にある「TOSSサークル」では、こういった仕事のこなし方も教えてもらえる。

　ぜひ顔を出してみるといい。

（詳細は「TOSSランド」で検索を）

第1章 初出勤・初会議

⑦初めての学年会に参加する
学年会に参加するにあたって心がけること

千葉県成田市立豊住小学校　大野眞輝

一　時間と場所を確認する

同学年を組む先生との会議が、学年会である。時数の確認をしたり、授業の進度の確認をしたり、行事の確認をしたりするものである。初めての学年会に参加する時に大事なことは、次のことである。

> 開始時刻と場所を確認する。

年度初めは忙しい。開始時刻を確認しておかないと、忙しさで学年会のことを忘れてしまうことがある。忘れてしまい、学年会に遅れてしまうと他の先生方に迷惑をかけてしまう。だからこそ、朝のうちに確実に開始時刻と場所を確認しておきたい。

できれば、終了時刻も聞けるとさらに良い。終了時刻が決まっていれば、ダラダラと長い会議になることを避けることができる。

二　早めに行ってお茶を準備する

開始時刻ぎりぎりに、学年会の場所に行くのは避けたい。若手には、次のことが期待されている。

> 早めに場所に行って、他の先生方に配るお茶の準備をして待っていること。

このような気配りをすることで、他の先生方からの信頼が得られて、連携がうまくとれることが多い。些細なことであるが、若手にとっては大事なことである。

三　学年会までに教材研究をしておく

学年会では、教科指導に関する話が出ることも多い。そこで、分からないことを同学年の先生方に質問できるようにしたい。そのためにも、学年会の前までに、教科書を読み、教材研究をしておきたい。

学年会には、主要教科の教科書と教材研究ノートも持っていき、すぐにメモできるようしていくと良い。また、理科や図工、音楽といった教科では道具の準備が重要である。

> 授業を行うにあたり、教師はどのような物を準備しておく必要があるのか。

このことを学年会で確認しておくと、授業前日に慌てて準備する、といったことが防げる。

また、次のことも確認したい。

> 子どもたちは、いつまでに何を準備しなくてはならないのか。

図工など事前に道具を準備しなければならない教科では、授業の前日に必要な材料を家庭に呼びかけても、集まらないことが多い。保護者も前日に言われたら困ってしまう。最低でも授業の一週間前には、学級通信等で

「ペットボトルの容器を、一週間後の図工で使います。ご用意ください。」

と連絡する必要がある。

早めに準備させる必要がある物を学年会で確認したい。

四　子どもの様子を聞く

学年会では子どもたちの様子について話がされることが多い。同学年を組む先生の中には、持ち上がりの先生もいることがある。持ち上がりではなくても、その学校に長年勤務されている先生も多い。その時には、前学年での子どもたちの様子を聞くようにしたい。

例えば次のようなことを聞くと良い。

①前学年の時にはどのようなクラスであったか。または、どのような子どもたちであったか。

②困る行動を取ってしまう子どもはいたか。

③困る行動を取ってしまう子は、どのような対応をすると落ち着くことができていたか。

このようなことを確認していくと、自分自身の指導の方針が見えてくる。

五　スケジュール帳や手帳を持っていく

学年会では、行事の予定が確認される。そのため、いつまでに何を行わなければいけないのか、話がされる。ここで次のように質問をして、自分がどんな仕事をこなさなければならないのか明確にしたい。

> 入学式では、何を準備すればいいですか。

> 一年生をむかえる会で、○年生の役割はありますか。

ここでの話をスケジュール帳や手帳にメモし、ＴＯ　ＤＯリストを作成していくと仕事の漏れ落ちが少なくなる。ＴＯ　ＤＯリストはその学年会の最中にその場で作成するからこそ仕事の能率が上がる。

⑧電話の応答の仕方

学校では教えてくれない社会人の基本、電話応対のマナー

群馬県桐生市立新里中央小学校　岡田悠亮

一　電話に出るときのポイント

（1）電話は必ず3コール以内に出る

3コール以内に出ると、相手に「すぐに出た」という印象を残すと言われている。いつまでも待たせるのは、失礼。

（2）あいさつ、学校名、名前を言う

以前、ある学校に電話をしたときに「○○小学校です。」と言われた。相手がどなたか分からなかったが、自分の名を名乗った後で『A先生いらっしゃいますか。』と聞くと「私です。」と言われた。非常識な対応である。私は必ず、

> おはようございます。○○小学校の岡田でございます。

と言い電話に出る。あいさつは、時間帯によって変える。

（3）同僚に敬称を付けない

例えば「金谷先生はいらっしゃいますか？」と相手に聞かれた場合、同じ学校の人間に対して「金谷先生は、すでに帰られました。」とは言わない。それが、管理職だとしても「金谷は、退勤いたしました。」と呼び捨てにする。

（4）折り返しにするのか伺う

（3）の例で金谷先生が不在であった場合、「金谷から折り返しご連絡させましょうか。」と伺う。相手から「いえ、明日またかけ直します。」と言われればメモを残す。

（5）メモを残す

相手に用件を伝えてほしいと依頼された際など、メモを残すことがある。メモには、以下のことを書くとよい。

> ①相手の名前
> ②何時にかかってきたか
> ③用件
> ④相手の電話番号（必要に応じて）

仕事の電話は、「たぶん」や「忘れた」では済まされない。メモをした内容は、必ず復唱する。確認しなかったために、大きなトラブルにつながることもある。

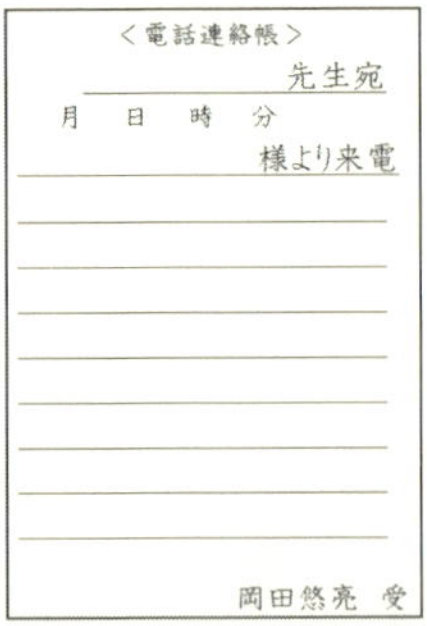

私は、前ページのメモ帳を自作して使用している。これにメモをすれば、そのまま先生方に渡すことができる。

(6) 電話を切る時は、いきなり受話器を置かない

電話を切る時には、いきなり受話器を置かない。電話のフックを一回指で静かに押さえ、切ってから受話器を置く。相手が先に切ったと思って電話が切れていなかった場合、向こうの耳元にガチャンという音が響き、印象が悪くなる。

こちらからかけた場合は、こちらから切るのがルール。かかってきた場合は、向こうが切るまで待ってから受話器を置く。

二　電話をかけるときのポイント

(1) 相手が電話にでたとき

児童の母親の携帯電話にかけているとしても、念のため相手の確認をする。

> 田中さんでいらっしゃいますか。

間違った番号にかけてしまうこともある。次に、相手が電話に出られる状況かを確認する。

> 今、少々お時間よろしいでしょうか。

出られない状況かもしれない。いきなり用件を言うのは失礼である。

(2) 留守番電話であったとき

間違って電話をした可能性もある。児童名や用件を伝言に残すのは危険である。個人情報を漏らすことである。私は、次のように言う。

> 田中さんにお電話しております。私、○○小学校の岡田でございます。またご連絡いたします。失礼します。

不必要に言わない。また折り返し電話をする。

(3) 他の学校に電話をした時

他の学校に電話をした際に、相手が不在であった時三つの選択肢がある。

> ①再度こちらから電話をかける。
> ②メモや伝言を残してもらう。
> ③相手からかけ直してもらう。

出欠の確認程度の少ない情報であれば、②で構わない。しかし、あまりに伝えることが多い場合には、①が良い。あまり③はやらないほうが良いと思う。

他にも、「わかりません。」ではなく「わかりかねます。」など敬語の使い方はたくさんあるので、他にもマナーの本を読まれることをおすすめする。

⑨「やるね！」と喜ばれる気配り

小さな「気配り」の積み重ねが「この人はやるな！」と思われる

愛知県名古屋市立楠小学校　堂前直人

「気配り」とは、極めて何気ないやり取りである。しかし、何気ないからこそ、「その人の素顔が出る」とも言える。

学校の一日の流れに沿って、ほんの少しの気配りを紹介していく。

一【朝】元気にあいさつをする。

気配りの一言「おはようございます」

当たり前のことが当たり前にできる、というのが大事である。

まず、駐車場や玄関で他の先生に会ったら相手より先にあいさつをする。

駐車場から、玄関まで行く間に他の先生と一緒になることがある。学校によっては玄関がオートロックなので、そのロックを自分が解除し、ドアを開けておく。

職員室に入るときは、全体を見て、あいさつをするように意識する。これは教室に入る時も同じである。

出勤すると名札を裏返す仕組みになっている学校もあるだろう。そのような学校であれば、一緒に来た先生がいる場合は、その先生の分も一緒に裏返す。

職員室に入り、校長先生、教頭先生、学年の先生方など、歩きながら、順番にあいさつをしていく。

自分の後に出勤した先生があいさつをしながら入ってくる。この時、相手の方を見て、あいさつを返す。

朝の職員朝会では、用務員さんがお茶を入れてくれるので、いただいたときにお礼をいう。

朝会後には、学年の先生分の湯飲みを片付ける。返しに行った際に、用務員さんに「ごちそうさまでした。今日もおいしかったです」と一言添える。

二【業前】学年分を一緒に用意する

気配りの一言「一緒にやっておきます」

新学期が始まるとクラス名簿が必要になる。その名簿を作るときに、自分のクラスの分だけでなく、学年の分もまとめて作ってしまう。名簿の枠さえあれば、コピペするだけなので、仕事自体はそれほど大変でない。しかし、忙しい時期である。やってもらえるとうれしい仕事だ。

授業で使うプリントや学習カードなど、学年での印刷物があることがある。そのようなときには、「印刷してきます」といって、学年分をまとめて印刷する。コピーや印刷などは、率先してやりたい仕事である。

また、学年で発育測定の順番など大事な連絡事項をメモする時がある。そのときには、メモしたものを学年の人数分コピーしてくる。それを配る。いちいち全員がメモしなくてよいので、とても喜ばれる。

三【業後】仕事を〝させて〟もらう

気配りの一言「やることはありますか」

子どもを下校させると、仕事の時間が始まる。

学年で集まると決まっている時は、急いで職員室に戻る。最後に行くのではなく、最初に行って待つ。

学年の仕事では、重いものをもつことを意識する。例えば、「下駄箱に掲示物を貼る」となれば、急いで脚立を取りに行く。

重いものをもつと同じくらい意識したいのが、「素早く動くこと」である。何か忘れ物をした時には、急いで取りに行く。

面倒なことも率先してチャレンジするといい。そんなときに有効な言葉は、「やります」「やらせてください」「やってもいいですか」である。仕事は「させてもらう」のだ。

学年で決まった仕事がないときには、「学年でやることありますか」と主任に聞く。あると言われれば、「やっておきます」と言って、やる。ないようであれば、自分の仕事をする。

仕事がなくなれば、退勤である。しかし、「仕事があるのに帰る」というのは、絶対にやってはいけないタブーである。「仕事をやりきってから帰る」のが基本だ。

四【勤務後】とにかく動く

気配りの一言「行きます！」

まず学年での食事の場合である。どこに行くか決まった時点で、「空いているか確認しましょうか」と聞く。お店に電話し、確認する。空いていれば、そのまま予約をする。

一度電話をしたら、そのお店を電話帳に登録しておく。そうすることで、次回からもスムーズに電話をすることができる。

飲み会では、お皿がたまらないようにする。皿に取り分ける、皿を入れ替える、空いた皿をまとめる、残ったものを食べる、など、様々な方法を駆使し、テーブルを整理する。

これを会話の流れを遮らないように、自然にやっていく。

また、飲み会のときは、最後までついていくことも大事だ。行けるときは、行けるところまで、ついていくようにする。

⑩初任者でも十七時に帰る！段取り力をつけて早く帰ろう

埼玉県さいたま市立大東小学校　廣川美保子

十七時に帰るというのは誰でもできる。

十七時に帰れない理由は次の一事に尽きる。

仕事の段取りが悪い

段取りよく仕事をするにはポイントがある。

一　その場でやる

できることはその場でやってしまう。

甲本卓司氏が以前セミナーで、「その場でやる。すぐやるっていうことです。放課後やろうと思うと二十二時からになる。帰ってからやろうと思うと二十二時からになる。土日にやろうと思うと、日曜の二十二時からになる」と言っていた。以下の仕事はその場でやってしまおう。

①丸つけ

丸つけはその時間内に終わらせる。一覧表に点数を記入し、直しまでさせてしまおう。低学年ならそのテストをお便りファイルに入れて、お隣と確認させ、連絡帳に記入させるところまでやる。仕事をためないだけでなく、保護者からも「先生はすぐにテスト返却してくださり、直しまでしてくださるので助かります」と感謝される。（当たり前のことをしているだけなのだが）私は以前、評価前に一気にテストをして、結局丸つけが終わらずテストごと闇に葬った経験がある。こういう教師は信頼されない。丸つけもその場でやってしまい、信頼される教師になろう。

②集金

集金をするのも担任の仕事である。お金の問題は重大である。トラブルなく集められるようにしたい。

まず、担任が教室に入って来るまでは集金袋を絶対に出さない、と約束することが大切だ（趣意説明も忘れずに）。

少し早めに教室に入り、来た人から並ばせ、袋から直接担任の手にお金を出させる。子どもと一緒に目で見て確認する。時々お金が足りない子どもがいるが、一緒に袋から出したところを確認していれば大きな問題にはなりにくい。

お金を受け取ったら名簿にチェックしてコインケース等に入れる。おつりがある場合はその場で小さな袋に名前と金額を書いてホッチキスやテープなどでとめて返し、すぐに連絡帳に入れさせる。

③**提出書類**

職員会議などで連絡のあった提出書類は、すぐに出す。私は、まだ先だからと見送るうちに忘れてしまい、何度も催促された苦い経験がある。そうならないために、その場でやってしまうことだ。長期休みの予定などはどうなるかわからないだろうが、あとからでも変更できる。提出が早いと管理職からもほめられる。その場で出してしまおう。

二　思い切って捨てる

不要な書類は思い切って捨てよう。飯田清美氏が職員会議の資料も会議終了後すぐにシュレッダーに入れてしまうと知り、追試し始めた。予定は全て卓上カレンダーに書き込んでしまい、本当に大事な部分は破ってバインダーに挟んでおく。会議資料は誰かしら持っている。いざという時は「見当たらなくて」と言ってコピーさせてもらえばよい。書類をいちいち取っておくと、あっという間にゴミの山になる。極端な話かもしれないが、本当に捨ててはならない書類というのはあまりない。

三　子どもにも段取り力をつける

子どもの段取り力が試される場面もある。

①**朝会**…整然と並んで体育館に入場し、前にならえをして前から座ることができるか。

②**給食**…当番は素早く身支度を整えて準備できるか。当番以外の子どもは何をして待つか。（私は連絡帳を書かせていた）

③**清掃**…子どもだけで各担当の場所をピカピカにできるか。（もちろん教師も一緒に清掃する）

④**集団下校**…他の学級を待たせずに、教室を整頓して下校できるか。

このような場面で段取り力がつけば、学級が安定する。学級が安定すれば、放課後他のことに時間を使える。

四　心配りを忘れない

初任者時代の指導教官に「早く帰ってもいいんだ。けど、毎日一つは学年の仕事をやって帰りなさい」と言われた。けれど、若輩者の私ができることは多くない。私がしていたことは、「朝三十分早く出勤する」ということだけだった。その三十分で、以下のことをしていた。

- 職員室の掃き掃除　・ゴミ捨て　・机拭き
- お茶汲み　・学年分のプリント印刷

遅くまで残る教師がほとんどの学校で、初任者でありながら十七時台で帰れたのは、学年の先生方、管理職の先生方に可愛がってもらったおかげだった。心配りを忘れずに、十七時に帰れる教師を目指してほしい。

第2章 子どもを迎えるまでの仕事術

①子どもを迎えるまでの仕事術

事務作業を短時間に 授業・学級経営の準備は時間をかけて

東京都目黒区立鷹番小学校　戸村隆之

子どもを迎えるまでの仕事を一覧表にしてみた。

3月中の仕事	□教室の片付け・清掃　□指導要録の提出 □教室移動の準備　□旧年度残務処理 □担当学年の教材研究 □主要教科の教科書に目を通す □年間指導計画の確認 □担当学年の年間行事予定の確認 □本や雑誌での教材研究 □新年度準備にかかわるセミナーへの参加 （TOSS 教え方セミナーなど） □新年度の教室で使用する文具 （子どもへの貸出用など）購入
4月になってからの仕事	□児童名簿の作成　□各種書類のクラス分け □学年だより作成　□教材採択 □新教室の清掃・整理整頓　□学級通信作成 □各種会議　□校外学習の打ち合わせ □入学式準備 □担任学級の子どもの名前を覚える □出会いの３日間の計画を詳細に立てる □学級組織（係・当番など）の作成 □教室の設計 （掲示物、机の配置、ロッカーの割り振り）

一　三月中にやっておく仕事

上記は新年度準備の仕事の一覧である。

多くの学校では三月末に次年度の担任学年がわかる。学年がわかった時が新年度準備のスタートだ。

三月中は授業準備に時間を費やそう。まず、次の資料を集める。

①自分の担任する学年の授業に関する本を購入する
②国語・算数・理科・社会の教科書に目を通す
③年間指導計画を調べる
④ＴＯＳＳランド（http://www.tos-land.net/）で自分の学年に関する指導案を調べ、印刷しておく
⑤雑誌「教育ツーウェイ」（明治図書）の四月号を購入

一冊のノートを用意し、必要な情報をコピーして貼り付けたり、書き込んでいったりする。このノートが一年間の教材研究・授業ノートになる。

私は「新年度準備ノート」を作っている。このノートには、教育雑誌の四月号記事をコピーして貼り付けたり、向山洋一氏の新年度準備に関する文章を貼り付けたりしている。毎年、新しい記事を貼るので、年々厚くなり、新年度準備の貴重な資料となっている。

二　四月に入って子どもたちと出会う前に

ノートには、次の作業もする。

> ①児童名簿を貼り付け、名前を覚える。
> ②始業式から三日間の計画を一時間ごと詳細に立てる
> ③学級の組織を書き出す。例えば
> 　一人一役の当番をどうするか
> 　班はどのように作るか
> 　座席をどのように配置するか

私は一冊のノートに授業のことも、学級経営のこともどんどん書いていく。授業ノート、学級経営ノートと分けていたこともあったが、一冊のノートに集約していくのが自分には合っていた。

四月に入ると、学校全体が新年度準備の体制に入る。会議や学年・学級の事務が多くなる。

ここで大切なのは、

> 事務処理のスピードを上げる

ことだ。ここに時間を費やすと一番大切な自分の学級の準備が疎かになる。具体的には、

①前年度から引き継いで使えるものは加工して使う。今はどの学校も様々な文書がデジタルデータとして引き継げるはずだ。一から作るよりも断然早くなる。

②パソコンのスキルを上げること。学校事務にはパソコンが欠かせない。文字入力のスピードを上げる、ワード、エクセルを使いこなす。これらができるようになると格段に事務処理のスピードが上がる。最近は、学校事務のテンプレート集が市販されているのでそれを使うのも効果的だ。

③作業効率を上げる。例えば、氏名のゴム印は何種かの書類をまとめて押していく。ゴム印の持ち替えが少なくなるので短時間で作業ができる。

仕事術のスキルを上げるには努力が必要だ。学校には仕事をスマートにこなす先生がいるはずだ。その人に仕事の仕方を教わる。仕事術のビジネス書を読んで勉強する。仕事を率先して引き受けて、経験値を積む。このような努力なくしては、仕事術は身につけられない。

学校の仕事だけでなく、春休み中に自己研修として是非セミナーに参加してほしい。ＴＯＳＳでは、全国約千会場で春休み中に「教え方セミナー」を開催している。本ではわからない、授業や学級経営の情報を聞くことができる。その学びはすぐに子どもに還元できる。

第2章 子どもを迎えるまでの仕事術

②子どもの名前を覚え、出会いの初日に全員の名前を呼ぼう
保護者の信頼、子どもの尊敬を得られる

長野県長野市立三本柳小学校　高見澤信介

名前を覚え、出会いの初日に全員の名前を呼ぶ

これは向山洋一氏の実践である。

教師「青木功太君」
子ども「はい。向山先生」
教師「はい」
教師「今村彰延君」
子ども「はい。向山先生」
教師「はい」
（向山洋一著『1年の授業・1年の学級経営』）

向山氏が一年生を担任した際の、出会いの一場面だ。
教師と子ども一人ひとりとの初めてのやりとりとなる。
私も小学校一年生を担任した時に実践した。二十五歳の若造だったが、保護者から言われた話がある。

「入学式の後、先生が教室で子どもたち全員の名前を呼んでくださったでしょう。あの時『この先生になら任せられる』って思ったんですよ」

向山氏のように、初めての学級指導で一人ずつ名前を呼んだ。名簿などは一切見なかった。春休み中に全員の子どもの名前を覚えたのである。
結果、初日から保護者の信頼を得ることができた。
ところで、名前を覚えて呼ぶためには二つの段階が必要になる。

（1）名前を覚える
（2）名前を呼ぶ練習をする
（1）の名前を覚える方法は様々ある。

①名簿で覚える
②座席表で覚える
③顔写真で覚える
④座席表と顔写真で覚える

自身に合った方法で覚えればよい。

四月一日に学校に行った時に、①の名簿が配られていない場合もあるかもしれない。配られていても②や③はもらえない可能性が高い（②は自分で作るものである）。

そこで学年主任に次のようにお願いをする。

「子どもたちの顔を見ながら名前を覚えたいので、昨年度の顔写真があったらお借りできますか」

快く貸してくれるだろう。

さて、いよいよ子どもたちの名前を覚えるには、これに尽きる。

何度も何度も名前を言う。

書いた方が覚えられる人もいる。しかし残念ながら、新年度準備の期間は子どもの名前を書いて覚える時間は無いと思っていい。やらなくてはならない仕事がたくさんあるからだ。

ぶつぶつ言うことならすき間の時間にできる。名簿や座席表を片手に子どもの名前を暗唱すればいいのだ。

おすすめは新年度準備で氏名印を押しながら言うこと。漢字とセットで覚えられる。

他にも、風呂に入りながら、通勤をしながらもできる。

とにかくあらゆる「すき間時間」に子どもたちの名前を言って覚える。

（2）の名前を呼ぶ練習をするためには、座席表を頭に描きながらやるとよい。

①、②、…と横の列へと進んでいく。本番と同じ流れである。

教室準備の時間に教室へ行き、リハーサルをするとよい。子どもたちの机を前にすると、また違った臨場感が出てくるだろう。

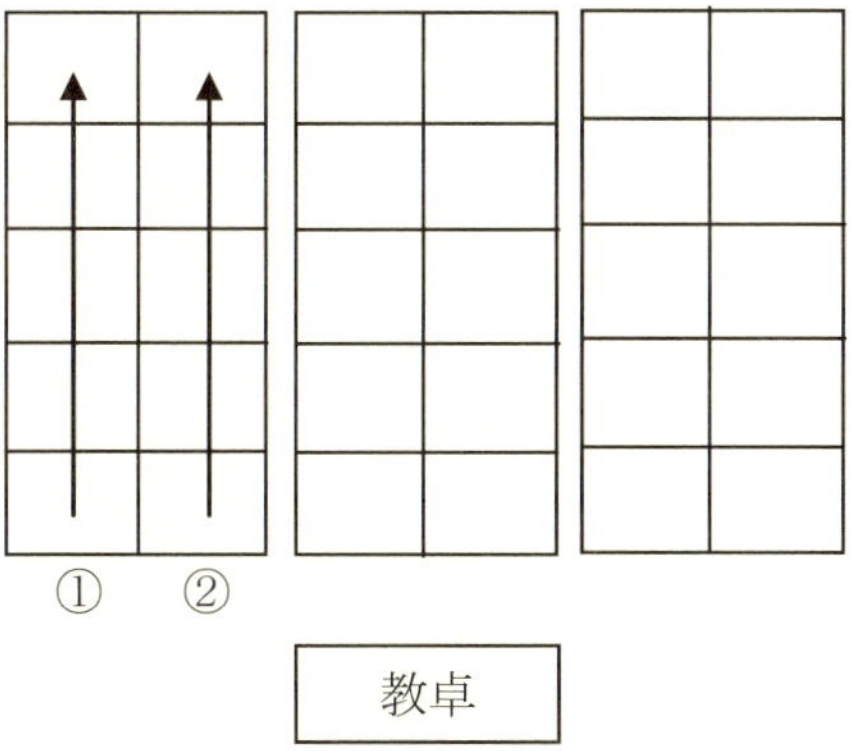

●初任時代の失敗談

三年生を担任。もちろん子どもたちの名前を覚えて出会いに臨んだ…はずだった。子どもたちを前にして、名前が出てこない子がいた。頭は真っ白に。すかさず近くの子どもが「Aくんだよ！」と言った。Aくんは笑っていたが、本当に申し訳なかった。教師の権威も何もない。

何度も何度も練習をすること。それが必要だった。

③子どもの特徴を知る

あらゆる方法を使って子どもの特徴を知る

千葉県成田市立豊住小学校　大野眞輝

一　前担任からの引き継ぎを行う

まずは、前担任からの引き継ぎを行い、子どもたちの特徴を知りたい。私は、できるだけ詳しく前担任から子どもたちの特徴を聞くようにしている。

> 最初に聞くのは、子どもたちの名前である。

前担任からクラスの集合写真をもらえることもある。その場合は、写真に子どもたちの名前を書きこんでいく。それをもとに、始業式まで子どもたちの顔と名前を一致させる。子どもの名前を覚えておくだけで、子どもたちからの信頼を得ることができる。

> 次に、子どもたち一人一人の良い所を聞いておく。

良い所を知っているだけで、出会いの瞬間からどの子もほめやすくなる。

最後に、困った行動をとる子がいれば、そのことも聞いておく。例えば、次のようなことである。

①授業中、座っていられない子はいないか。
②友達に対して、暴力を振るう子はいないか。
③友達と上手に遊べない子はいないか。

さらに、その子が落ち着くためには、どんな対応が良いのか、前担任が分かっている場合は聞けると良い。

二　指導要録・補助簿に目を通す

学校には、全学年までの補助簿（成績）や指導要録が保管されている。これらに目を通し、子どもたちの特徴をつかみたい。評定を見ることで得意な科目や苦手な科目を知ることができたり、所見欄を読むことでその子の良い所を知ることができたりする。

三　向山洋一氏がしていたこと

向山洋一氏は、すごく乱暴を振るうAを担任すると決まった春休みに、次のように行動している。

> 春休みにぼくが目を通した本は、五二冊であった。
> その子は発作の病気を持っており、学習が著しくおくれていた。（中略）

ぼくは、何人もの医者をたずね、聞いてまわった。
（中略）春休みの四月一日、前担任から引き継ぎをおこなった。どうしたら良いのかわからないぼくは、事実を一つ一つ確かめ、原則的な教育方針を考えていこうと思っていた。校長の了解をとって、春休み中であるが、母親と面談した。出産の時の状態から、生育史、親の考え・望みや子どもの日常生活に至るまで、詳細に聞き出した。

（向山洋一著『教師修業十年』明治図書）

ここまで事実を確認しながら、子どもの特徴を知る努力をしているのである。

私も、発達障害を持った子を担任すると分かった場合、その障害の特徴や、どのように対応していけば良いのかを、あらかじめ本で学ぶようにしている。

四　名前を三回書かせる

子どもと出会ったら、ノートや連絡帳に自分の名前を三回書くように指示を出す。これを行うことによって、その子の丁寧さや根気強さを知ることができる。

三回とも丁寧に名前が書ける子は、十分に丁寧さや根気強さが身についている子である。三回名前を書く中で、字形が崩れている子は、丁寧さや根気強さが身についていない可能性が高い。やり直しを告げ、三回とも丁寧に書かせたい。そして、次のように話す。

今書いた丁寧な文字を、一年間書き続けてもらいます。

五　家庭訪問で子どもの特徴を知る

四月の初旬に家庭訪問が行われる学校もある。これも子どもの特徴を知るチャンスである。事前に学級通信等で保護者に次のように連絡しておくと良い。

家庭訪問の際には、お子さんの小さい頃の写真をご用意いただけると嬉しいです。

多くの家庭では、写真を用意してくださる。そして、写真を保護者と一緒に見ながら、話を進めていくのだ。小さい頃の話題で話は盛り上がる。その中で、次のようなことを確認していくと良い。

小さい頃、病気や怪我はされませんでしたか。
小さい頃のお子さんは、どんな様子でしたか。

このような事を聞くことによって、その子の生育歴がはっきりしてくる。

④児童名簿の作り方・活用法

当番活動、データ編集、名前シール作成　様々な場面でエクセルを活用

埼玉県皆野町立国神小学校　斉藤維人

一　児童名簿とは

クラスや学年の子どもの名前が一欄表になっている物である。チェック表にしたり、成績付けに使ったりと様々な場面で活用する。

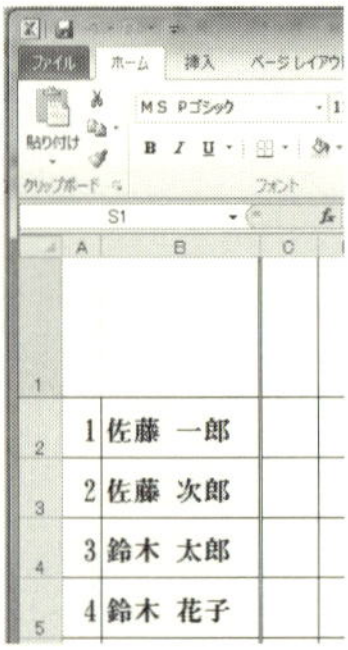

年度初めに作成する。氏名印を押して、名簿を作ることもできるが、エクセルで電子データを作っておくと、様々な場面で活用でき、便利である。ただし、絶対に名前を間違えないように気をつける必要がある。

二　エクセル児童名簿から名前シールを作成

エクセルで児童名簿を作っておけば、ワードと市販のラベル作成シールを使って簡単に名前シールができる。下駄箱やロッカー、机やイスなど、新年度名前を貼る機会が多くなる。いろいろなやり方があるが、その一つを紹介する。

なお、インターネット上で「名簿　差し込み印刷　シール」などと検索すればわかりやすいサイトなどが見つかる。今回はワード2012で作成した。

①「差し込み文書」から「差し込み印刷の開始」「差し込み印刷ウィザード」と進む。「ラベル」を選び次へ進む。

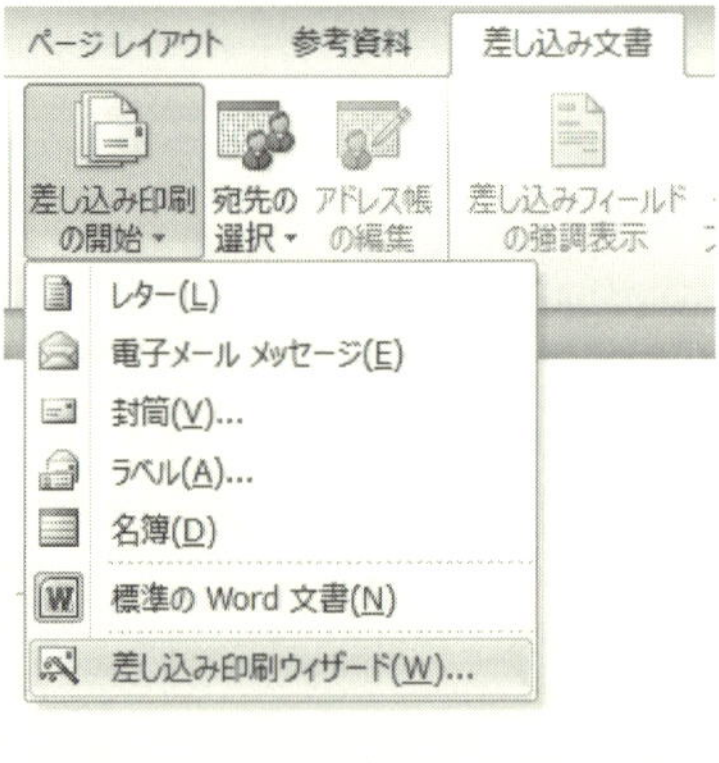

②次のページで「ラベルオプション」を選び、購入したラベルの縦や横の大きさを設定する。商品番号を直接打ち込めば良い物が多い。設定したら次のページに進む。

③三ページ目でエクセルのファイルを差し込む。「既存のリストを使用」の「参照」をクリックする。エクセルでつくった名簿を保存してあるところを探し、クリックする。児童の**名前がどの列に入っているか**が大事なポイントである。F2かF3のあたりに入っていることが多い。

④四ページ目でラベルの設定をする。

ここは少し注意が必要である。特に《Next Record》は

そのまま残しておく。作り替えるのは左上の枠だけにする。ここに「差し込みフィールドの挿入」から先程チェックした**名前が入っている列**を挿入する。「ホーム」に戻り、字の大きさや位置を調整する。終わったら「全てのラベルの更新」をクリックすると下のようになるので次のページに進む。

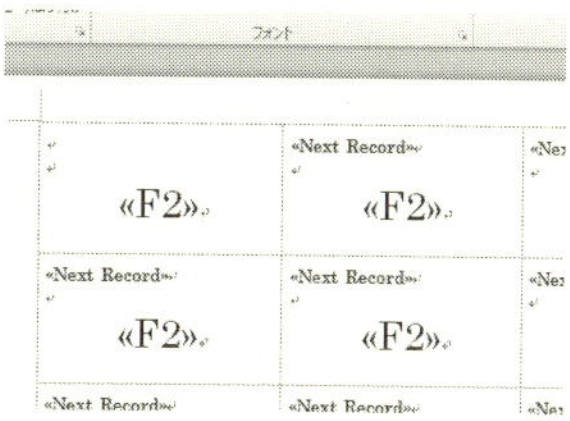

⑤五ページ目でラベルの確認をする。自動で子どもの一覧のラベルができるはずである。四ページ目の設定を変えることで出席番等を入れることも可能になる。六ページ目で印刷する。

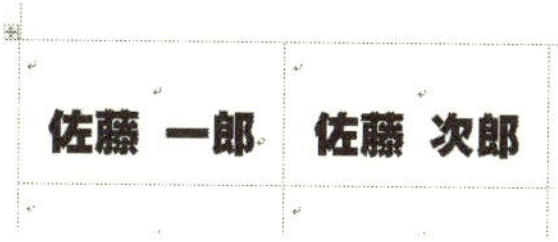

三　エクセルで当番活動一覧表作り

当番活動一覧表も作成できる。私は左側は名前の順に、右側は当番のまとまり順にしている。こうすることで佐藤さんは何当番で鈴木さんと一緒にする、ということが一目でわかる。特別な支援を要する児童でもこれなら誰と何をするのかがわかりやすくなる。

四　エクセルで背の順作り、紅白のチーム分け

エクセルを使えば、クラスの子どもたちを背の順で分けたり、運動会などで紅白のチーム分けをしたりできる。子どもの名前の横に身長、五十m走のタイムを入力し、エクセルの機能のデータの並べ替えで簡単に身長順、足の速い子順などができる。

五　児童名簿活用法

名簿を両面印刷し、ファイルにしておくと、通知表の所見を書く時に便利である。学校から一人一冊子どもの記録用の冊子が配られることもあるが、児童名簿の方が便利である。運動会、遠足、日々の様子などに見開き二ページで「佐藤さんは応援係で大きな声を出せていた」「鈴木さんは下級生の面倒をよく見ていた」など、子どもの良いところをエピソード入りでメモしておくと、頑張ったところなどを保護者に伝えることができる。

六　ワードで習字のお手本作り

三年生以上は習字の時間がある。子どもの名前のお手本が必要になる。ワードや一太郎で 小三　佐藤　一郎 のようなお手本を一人一つずつ作り印刷する。実際に書く大きさと同じに作るのがポイントである。またラミネーターでパウチすると、練習の時に半紙の下に敷き、なぞって練習することができる。名前がぐっとうまく書けるようになる。

⑤個人情報の扱いに気をつける

個人情報に関するデータ、書類は一切外部に持ち出さないのが原則

埼玉県川越市立新宿小学校　細井俊久

一　ポイント

個人のパソコンやUSBメモリに個人情報を保存し、通勤途中で紛失した事例が多数ある。従って、クラス名簿、連絡網、家庭調査などの個人情報は、公用（学校のパソコン）を使い、保存も公用のパソコンにして、決して外部に持ち出さない。書類も同様に校内だけで使用する。

二　こんなに扱う個人情報

担任になり、始業式に児童にたくさんの書類を配布する。その中には次のようなものを配布する。

> ①家庭調査カード
> 　保護者名、家族の構成、職業、電話番号など
> ②緊急連絡カード
> 　緊急時の引き取り者の連絡先など
> ③保健調査カード
> 　生育歴、既往症、アレルギー、かかりつけの病院など

これらの書類を担任は受け取り、全員提出をしているか確認をし、全員そろったら、しかるべき所に保管しなくてはいけない。

また、家庭調査カードを使用し、児童名、保護者名、住所、電話番号などを記した児童名簿作成を行う。現在はほとんどの先生がパソコンを使って情報入力をしている。この際、公用のパソコンを使って情報入力をし、保存も公用のパソコンに保存する。

家で名簿を作成するからなどと、個人のUSBメモリに保存することはしないようにする。校内事情などでやむを得ず、個人のUSBに保存した場合、名簿作成終了後、または、担任終了時点で必ず消去すること。

三　テスト成績の記入などでの留意点

テストの点数を一覧表などに記入するのは、学校で行う。パソコンに入力するのも公用パソコンに入力する。通知表は学校で処理する。通知表は家には持ち帰らない。

作業は、職員室や教室で行うことになるが、机の上にすぐ見られる状態で席を離れないようにする。

四　個人情報に厳しい理由

個人情報保護に関する法律の第二〇条には、「個人情報

取扱事業者は、その取り扱う個人データの漏えい、滅失又はき損の防止その他の個人データの安全管理のために必要かつ適切な措置を講じなければならない。」としている。

これを受けて、学校では校長など管理職が個人情報が漏洩しないよう指導をしている。

教員が情報漏洩をしてしまう主な理由は、

①紛失、置き忘れ
②盗難
③ＷＥＢなどの設定ミス

である。何らかの理由でＵＳＢメモリを紛失したり、盗難に遭ったりするケースがほとんどなのである。公用のＵＳＢメモリであれば、紛失しても校外に持ち出していないので、見つかるケースが多い。

しかし、個人のＵＳＢメモリを、校外で紛失または、盗難などに遭遇し、個人情報を漏洩した場合は、見つからないことが多い。もし、見つからない場合は三つの責任を負わされることになる。

①刑事責任　裁判による刑事罰
②行政責任　信用失墜行為としての訓告・戒告処分
③民事責任　児童、生徒、保護者に対しての賠償責任

となる。

このような責任があるからこそ、個人情報を漏洩しないように自分に厳しくしないといけない。

五　会話による個人情報漏洩にも気をつける

ＵＳＢメモリ、ファイル、テスト等成績書類の流出の他に、気をつけたい個人情報の漏洩がある。それは、会話による個人情報の漏洩である。例として、

①職員室で児童の話をしていると保護者に聞かれた。
②レストランなどで、児童の話をしていると、保護者に聞かれた。
③保護者に別な保護者の話をうっかりしてしまい、うわさ話として広がってしまった。

が挙げられる。

児童や保護者の良さを言ったり、自分のうれしい気持ちを言ったりするのは聞いていても許されるかもしれないが、児童や保護者の悪口や不満を言ったりするのは厳禁である。どこで誰が聞いているか分からない。児童生徒、保護者の話は時と場をわきまえなくてはいけない。

第2章 子どもを迎えるまでの仕事術

⑥若手でもTOSS教材を選定できる裏ワザ！
学年の仲を円満に採用するコツは「角度を変えてプレゼンすること」

埼玉県さいたま市立大東小学校　廣川美保子

普通教材選定は、ベテランや主任を中心に決められていく。若い教師の立ち入る余地は少ないものだ。

でも、子どもたちの為にも諦めてはいけない。少ない余地を最大に活かす裏ワザを紹介する。

一　裏ワザ①心から頼み込む

数年前、セミナーで出会った先生に聞いたワザである。

新米教師がベテラン教師と真っ向から闘うのは難しい。無理に闘って「生意気だ」と思われては意味がない。闘わずして、教材を勝ち取るのだ。

「私、これじゃないとできないんです」
「この教材しか教え方わからないんです」
「これだけはお願いします」

と心から頼み込む。早速私も試してみた。もちろん全て選定できたわけではないが、あっさり「計算スキル」は勝ち取ることができた。

「自分が嫌われるだけならそれで結構、子どものために闘う」と考えている人がいるかもしれないが、それは違う。

伴一孝氏は次のように言う。

「特別支援学級の担任になって変わりましたね。
自分が嫌われたら（影響が）子どもたちに行きますから」

どちらが子どもたちのためになるのかよく考えて行動しなくてはならない。

また、他の先生がよいという教材の話も真剣に、謙虚に聞くべきである。きっと学ぶことがたくさんあるはずである。私自身、「TOSSの先生さえわかってくれればいい」と考え、他の先生の話を聞き流していた時もあった。

しかし、それは間違いだった。そもそも人の話を聞けない教師が伸びるわけがない。どんな授業にも学ぶ点があるし、どんな先生の話からも学ぶことができる。「話を真剣に聞く」ということで勉強になり、愛される教師になり、それが子どもたちのためにもなるのだ。

二　裏ワザ②教師にとってメリットがある事を強調する

教師の目線からその教材のよさを伝えることで、TOS

Ｓ教材が選定されやすくなる。膨大な仕事を抱えている教師にとって「使いやすい、丸付けしやすい、自習でも使える、保護者も喜ぶ」教材は、ありがたいのだ。例えば、『あかねこ漢字スキル』ならば、次のように訴えると効果的だ。

「テストが付いているから助かりますよね」
「筆順も一画一画載っているからいいですよね」

このように、教師目線で伝えるのも大事である。

話はそれるが、明治図書出版の『教室熱中！難問一問選択システム』はおすすめである。私がこの教材を紹介した先生は皆購入した。何がよかったか尋ねると、「プリント一枚ですごい授業ができたこと」だという。教師にとっての利点を強調することは、想像以上に効果的なのである。

三　裏ワザ③子どもの事実でアピールする

自分の言葉で教材のよさを伝えるよりも、子どもの感想を伝えた方がうまくいく。中野幸恵氏が一年生担任になった時、四十代女性の主任と、四つ年上の先生をこんな風に説得したという（正進社のテストと他の教材会社のテストを並べて見せながら）。

「これ、前の学校で使ったことがあったんですけど、すっごくよかったんです。答えを書くところが□になっているから、子どもたちもすぐ答えが書けるんですよね」

その結果、見事採用に至ったそうだ。

私も一度、『話す聞くスキル』を採用できたことがあったが、その時は「子どもがタケノコ読み大好きなんです」というところから「どれどれ」と始まり、「名文とか論語とかもあるので知的で保護者も喜んでました」とアピールでき採用となった。教師自身が「いい」と言うよりも、子どもの事実を基に伝えた方がより伝わりやすいのだ。

四　裏ワザ④教材を使う場面をイメージさせる

中野幸恵氏は、「教材を使う場面をイメージさせる」ことも教材選定のポイントだという。例えば、

「『話す聞くスキル』は、朝の十分間で、暗唱するのに使えますよ」

という風にアピールするのだ。

『直写ノート』や『うつしまるくん』などは、時間を位置づけて勧める方がいい。「自習でももちろん使えますし、テストなどが早く終わった子にも使えます」という風に勧めてみてはどうだろうか。

ＴＯＳＳ教材には、子どもが熱中し、実力もつく教材がたくさんある。少しでも採用出来るよう健闘したい。

⑦学年内の役割分担と心構え
若い先生は、雑務を進んで行う 全力で行い、前日までに仕上げる

埼玉県川越市立新宿小学校　細井俊久

一　ポイント

仕事には、責任を伴う仕事と、雑務の二つがある。若い先生はまず雑務を進んで行うこと。また、分担された仕事には、全力で取り組み、期日の前日には仕上げるようにする。

二　雑務を引き受ける

四月、新しい担任が発表される。同じ学年を組む先生が机を合わせる。始業式前に学年で仕事を分担したり、話し合いをしたりして新学期の準備をする。また、新学期が始まると授業の進め方について、行事の進め方についても同様に行う。この際、原則として学年内で役割分担を行う。

この時、若い先生は自分にできそうなことは率先して引き受けて欲しい。また、学年主任から「これやってくれない?」と頼まれたら、「はい。」と快く引き受けて欲しい。

特に、若い先生には、雑務を行って欲しい。是非やって欲しい雑務は以下の通り。

①クラス名簿の作成
学年全クラスの名簿を、ワード、エクセルなどで作成する。前学年のデータをもらえれば、ソートをかけるだけですぐに作れる。
②学年目標、時間割表の作成
教室に掲示する学年目標や時間割をパソコンで作成し、掲示物にする。自分のクラスだけでなく、他のクラスを作ってこそ喜ばれる。
③年間指導計画一覧表の作成
B4一枚に、全教科分、月ごとにどんな学習をするかの一覧表を作成する。これは、必ず喜ばれる。
④配布物の印刷
学年だより、自己紹介カードなど、様々なものが印刷される。この印刷を進んで引き受ける。
⑤学年の戸棚の整理整頓
学年の引き継ぎ文書、教材、その他様々なものが置かれる。整理整頓を行うことで、どこに何があるか知ることができる。

三　役割分担の原則

学年主任なら、責任のある仕事を分担する。経験のある先生なら、全体を動かす仕事を分担する。経験の浅い先生なら、誰もができる仕事を分担する。また、男の先生に合った仕事、女の先生に合った仕事を分担したり、体育、特別活動など校務分掌を考慮して分担したりする仕事がある。

つまり、学年内での役割分担には原則がある。

その人に見合った仕事が割り当てられる。

もし、この原則に当てはまらないと感じ、困難を生じた場合、学年主任に相談したり、管理職に相談したりすることを勧める。

四　役割分担の心構え

役割分担は、原則の通り、自分に見合った仕事が割り当てられると考え、学年会などで仕事が分担された際には、喜んで引き受けるようにする。また、自分がやってみたいなと思う仕事は積極的に行うとよい。自分の成長につながる。

分担した仕事であるが、仕事であるから責任が生じる。期日までに、やるべきことができていないといけない。また、決められたことがきちんとできていないといけない。一度信頼を失うと、取り戻すのは簡単ではない。分担の仕事がきちんとできるための心構えは以下の通り。

①期日の前日にはできあがっていること
　余裕を持って取り組み、当日慌てないようにする。そのために、期日の前日にはできあがって、学年主任に報告するようにする。修正があっても期日には間に合う。

②手帳、カレンダーなどに記入する。
　いつまでにどんな仕事を行うかを記入し、毎日見ること。学年の仕事、校務分掌の仕事と色分けすると良い。

③前年度、他学年の同じ仕事に目を通す。
　資料があると、参考になる。仕事分担されたらまず、資料を用意するとよい。

④分からない時は聞く。
　分からない、困った時には、学年の先生や他の先生に聞くこと。恥ずかしいことではない。

五　先見する

学年内の仕事分担では、「先見」が必要だ。文字通り、先を見通すのである。いつ、どこで、どんなことをしたらよいのか、ノートにメモして計画を立てていくのである。

⑧教材研究ノートの作り方
教材研究ノートを作り、授業のシナリオを作る

千葉県成田市立豊住小学校　大野眞輝

一　まず先行実践を調べる

始業式が終わり、子どもたちが登校してくるようになると、一気に事務作業が増える。行事の準備等も子どもたちが帰った後の放課後に行う。そのため、明日の授業の準備ができない時も出てくる。

始業式前に、教材研究ノートを作っておくことが大切だ。まずは、各教科一冊ずつノートを用意する。私は、表紙に教科名、年月日、何年生の担任になるのかを記入しておく（例　算数　平成二十五年四月一日　五年生）。このように書いておくと、数年後そのノートを見返す時に役に立つ。

次に、

> 四月に行う単元の実践を調べ、それらを全てコピーし、ノートに貼り付けていく。

持っている書籍に載っている実践、TOSSランドに載っている実践全てである。

そして、ノートに貼った実践の中で、良いと思ったものにマーカーで印をつけていく。ここまで行うと、おぼろげながらそれぞれの単元をどのように授業していくのか、頭の中で整理されていく。

ここまで準備しておくと、忙しくて前日に教材研究ができなくても何とか授業を行うことができるだろう。

二　毎時間の計画を立てる

河田孝文氏は、セミナーの中で次のように述べている。

> 授業で言うことを、すべて書いてみる。シナリオを書いてみる。そして練習する。この作業が絶対に大事だよ。

余裕があれば、教材研究ノートに毎時間の指示発問等を書き出した方が良い。例えば、次のように書く。

「教科書P２を出しましょう。」

「早く出せた子は賢い。」（ほめ言葉も書き出す。）

「□の２番。みんなで一緒に読んでみましょう。」

「式はどうなりますか。ノートに書きなさい。」

このように、全てのシナリオをノートに書き出していく。

そして、一時間分全て書き終えたら長いフレーズを短くする作業に移る。長いフレーズで話すと、理解できない子が出てくるためだ。できるだけ、短いフレーズに変える。例えば次のようにする。

> 「□の2番。~~みんなで一緒に読んでみましょう。~~」
> ↓
> 「□の2番。読みます。」

そして、最後にそのシナリオで授業の練習を行う。このような作業を毎時間行っていくと、自然と授業中の教師の話が短くなり、すっきりとした分かりやすい話となる。私は、このような毎時間の計画を書き続け、三年経った時には短いフレーズで自然と話ができるようになったと感じた。

ノートの左ページに指示発問、右ページに板書を書くこともお勧めだ。事前にノートに板書を書いておくことで、授業に焦らず板書をすることができる。

授業後には、赤や青と色を決めて、反省を記入する。全部の授業の反省を書くことは、時間的に厳しいかもしれないので、毎日一時間分は授業の反省を行いたい。そのような修業の蓄積が、教師の力量を高めてくれる。

三　時間がない時には簡略化して計画を立てる

毎時間分、指示発問が書けるほど時間に余裕がある日は少ない。そんな時は、簡略化して授業の計画をノートに書き出しておく。

私は、国語の教材研究ノートには次のように計画を書き出している。

> 一月七日
> ・漢字スキル1　右のページ
> ・話す聞くスキル「いろはかるた」追い読み
> ・説明文「まんがの方法」音読　追い読み→一人読み

このように書いておくだけでも、落ち着いて授業ができるようになる。

四　教材研究ノートはＡ４サイズがお勧め

教材研究ノートは、Ａ４サイズが良い。それは、教科書がＢ５サイズであり、コピーしてもそのままノートに貼れるからである。ノートに貼っても余白ができるので、その余白に指示発問を書きこむこともできる。

Ａ４ノートは東京教育技術研究所から出ているＴＯＳＳノートΣ、ＴＯＳＳノートΩがお勧めだ。紙の質も良く、使いやすい。

⑨TOSSインターネットランドの活用術

明日の授業にすぐに役立つ！追試で授業力と教材研究の力を高めよう！

東京都江戸川区立清新第三小学校　水谷洋克

一　TOSSインターネットランドの使い方

教材研究に役立つアイテムとして、「TOSSインターネットランド」がある（以下、TOSSランド）。TOSSランドを活用すれば、明日の授業の準備が十五分でできてしまう。

まずは、TOSSランドにアクセスしよう。「TOSSランド」と検索すれば、すぐにアクセスできる。URLを掲載しておく。

http://www.tos-land.net/

次に、自分が調べたい授業を検索しよう。TOSSランドには、検索エンジンの機能がついている。例えば「ごんぎつね」について調べたい場合、検索エンジンで「ごんぎつね」と入力すれば、四十五件の指導案がヒットする。その中から自分が必要とする内容を探し、プリントアウトしよう。ノートに貼り付ければ、オリジナルの資料が出来上がる。

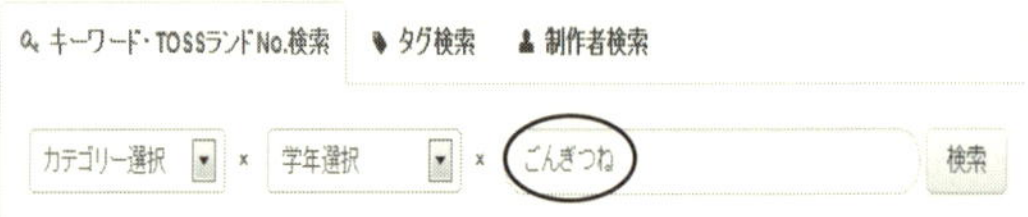

また、「授業用コンテンツ」も数多くある。プロジェクターを通して、スクリーンや電子黒板上で、授業の中で使うことができるコンテンツだ。左には、例として「ガラス棒の使い方」を掲載した。

さらに、TOSSランド上にある上のアイコンをクリックすれば、「TOSSこどもランド」にアクセスできる。

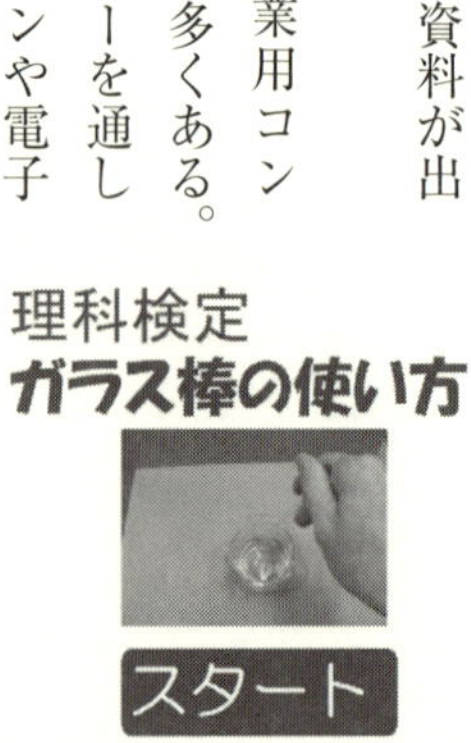

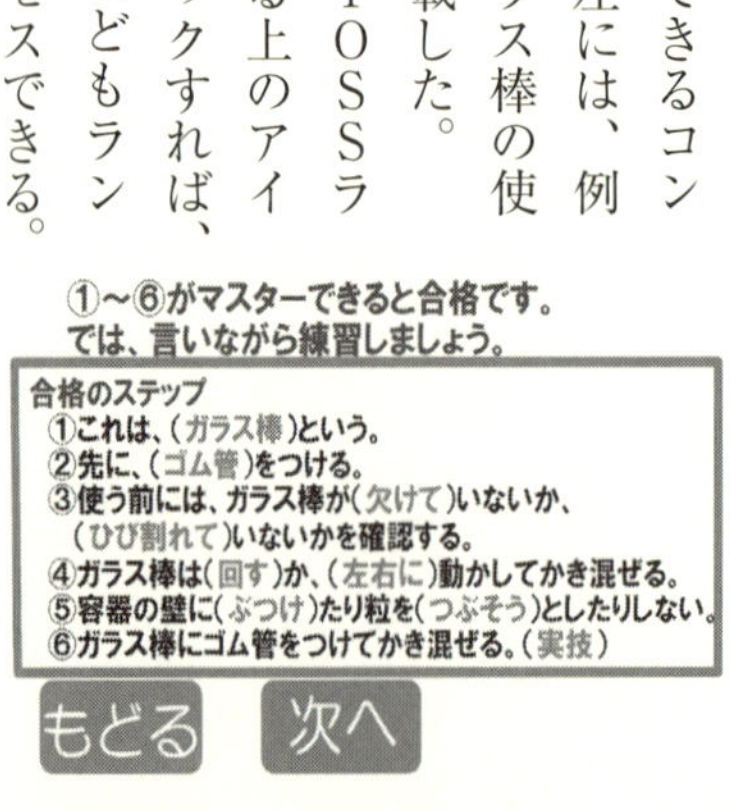

「ＴＯＳＳこどもランド」とは、子どもが電子黒板上で、またはパソコン上で、操作でき、学習できるコンテンツが豊富に掲載されたサイトである。

例として、「都道府県パズル」を載せた。子ども自身が、様々な都道府県をドラッグして、パズルを解くゲームだ。このようなゲームは、全ての教科にある。

二　ＴＯＳＳインターネットランドの利点

（１）指示・発問が明記されていて、誰でも追試できる。

赤刷りの指導書を授業の参考にされる場合が多いことと思う。確かに授業を行う上で参考になる面もあるが、指示・発問が書かれていないため、もしくは、書かれている指示・発問が曖昧なため、授業で活用できない場合がある。ＴＯＳＳランドの指導案には、指示・発問が明記されているものばかりである。

ＴＯＳＳランドの指導案を授業にそのまま使うことができる。

（２）優れた授業を追試し、授業力を高めることができる。

ＴＯＳＳランドは日本全国の教師により、つくられた、先達の知識・経験の結晶である。その優れた授業を追試することにより、授業の腕が上がる。自分で考えた授業と、どこが違うのかを考えさせられる。

（３）サークル、セミナー情報がある。

ＴＯＳＳランドを活用することで、知的で楽しい授業を展開できることと思う。それでも、授業がうまくいかないこともあるだろう。

どうしたら子どもを授業に熱中させることができるのか、どうしたらもっと楽しい授業ができるのか。それは、授業の上級者に見てもらわない限り、解決できない。自分一人で授業の研究をして、授業が上達したと思うのは、自己満足に過ぎない。

職場で尊敬できる先輩に授業を見てもらうのもいいが、ＴＯＳＳのサークルやセミナーに参加することで、学びは加速する。ＴＯＳＳランドにはＴＯＳＳのサークルやセミナーの情報が載っている。まずは、お近くのサークルへ足を運ぶことをお勧めする。

⑩先輩からのオススメ本
繰り返し読んでおきたい
新年度に毎年読みたいオススメの三冊

千葉県成田市立前林小学校　小松和重

始業式を迎えるまでに読むべき本で、これだけは外せない、という三冊を紹介する。

> 一　向山洋一著『教え方のプロ・向山洋一全集4　最初の三日で学級を組織する』（一九九九、明治図書）
> 二　向山洋一著『授業の腕をあげる法則』（一九八五、明治図書）
> 三　谷和樹著『みるみる子どもが変化する「プロ教師が使いこなす指導技術」』（二〇一二、学芸みらい社）

一　『教え方のプロ・向山洋一全集4　最初の三日で学級を組織する』

書き出しから、新年度を迎える教師の心構えを鋭く述べている。

> 新年度の最初の三日間、これはその後の一年間を左右する重要な時である。

TOSS代表の向山洋一氏から、「黄金の三日間」という言葉が生まれた。始業式から最初の三日間は、子どもたちが言うことをよく聞くのである。全国どこの教室でも見られる現象である。

若手教師は、ベテラン教師から、「最初が肝心よ」とは、よく言われるだろう。それよりも、「黄金の三日間」の方がわかりやすい言葉である。三日間と限定されている。

同書には、その黄金の三日間に何をするのかが、具体的に書かれている。

タイトルだけ読んでも、魅力的だ。「子どもとの初めての対面」「学級を組織する」「四月の初めに何をするか」「教師の自己紹介」。すべてが、向山学級の実践である。向山学級の黄金の三日間を知らずして、自分の学級の予定を立てることはできない。コピーしてノートに貼っておきたい。

二　『授業の腕をあげる法則』

教育書で、今までで最も売れている本である。発売から二十八年が経過し、二〇一三年一月現在、何と百五刷を記録している。その事実だけでも、読む価値がある。

若い教師だけでなく、ベテラン教師でも、毎年この本を読み直す人が多い。私も、読むたびに新しい発見がある。本は一回読んだだけではわからない。五回、十回と読んで初めて内容が頭に入ってくる。

この本の特徴は、「授業の原則十カ条」がエピソードつきで紹介されていることである。次の通りである。

第一条　趣意説明の原則（ゴミ拾い）
第二条　一時一事の原則（朝礼の話）
第三条　簡明の原則（跳び箱を跳ばせる指示）
第四条　全員の原則（子どもからの質問・話の聞き方）
第五条　所時物の原則（子どもたちの活動）
第六条　細分化の原則（跳び箱の指導内容）
第七条　空白禁止の原則（個別指導、児童集会）
第八条　確認の原則（地図帳）
第九条　個別評定の原則（開脚跳び、よびかけ）
第十条　激励の原則（アメとムチ）

十カ条を頭にたたき込み、意識して使えるようにしたい。家と教室の両方に置いて、何度も読みたい一冊だ。

三　『みるみる子どもが変化する「プロ教師が使いこなす指導技術」』

玉川大学准教授の谷和樹氏が、『授業の腕をあげる法則』や向山氏の他の著書、実践をもとに、さらに具体的に解説している一冊である。第一章が、「発達障がいの子どもを含めた一斉授業の原則」である。通常学級に在籍している、発達障がいの可能性がある児童・生徒は約六・五%と言われている。

谷氏は、『授業の腕をあげる法則』による、発達障がいの子どもたちに効果がある指導の原理を三つにまとめている。

原則一　まず「その子の価値判断基準」を理解し、認めてやること
原則二　その上で、「教えてほめる」こと
原則三　ハッキリと行動の仕方とその理由を教えてやること

発達障がいの子どもを救うキーワードは、「教えてほめる」である。そのための具体的な方策がいくつも出てくる。

その他にも、国語、算数、社会の授業の具体例が豊富であり、「五色百人一首」「ふれあい囲碁」「スピーチ指導」など、すぐに教室で取り入れられる実践も満載である。

第3章 教室を設計する

①子どもの座席配置
教師の思いがあり、ロジックがある座席配置を制することで、授業を制する

東京都江戸川区立清新第三小学校　水谷洋克

一　出会いの日、座席配置をどうするか

詳細は、それぞれの学校、学年、クラスの人数、前年度の座席配置、子どもの実態などの様々な要素により、異なるだろう。学年主任の先生や同僚の先生方に、座席配置をどのようにしたらいいのか聞くことが、まず、大事だと考える。その上で、基本的なことをいくつか述べる。

男女別に、名簿順

このように座席配置をするパターンがある。すると、次のメリットがある。

（1）誰がどこにいるのか、わかりやすくなる。

子どもの名前を始業式前に覚える場合、名簿順で覚えることが多いだろう。名簿順に座席配置をすることで、誰がどこにいるのか、つかみやすい。ただし、特別支援対応が必要な子がいる場合、名簿順には並べるけれども、前に座席配置をするようにしたい。前担任から、学級の様子について聞いておこう。また、座席配置の趣意説明もするといいだろう。

（2）提出物が集めやすくなる。

四月は提出物が多い。保健資料など男女別のものもある。男女名簿順だと、提出物が集めやすくなる。

（3）子ども自身も、名簿順を意識できる。

子ども自身が名簿順を意識しやすくなる。すると、発育測定などの際にすぐに並ぶことができ、名簿順に何かを集めたり返したりする時などの時間短縮にもつながる。

（4）男女隣同士で座ることを、年度初めに規定できる。

男女仲の良いクラスを目指すのであれば、男女隣同士で座るのが理想だろう（ただし、男女比が異なる場合は、男女隣同士にならない座席が出るのは、しようがない）。出会いの日に、男女隣同士で教師が座席を組んでしまえば、一年間は男女隣同士の座席が当たり前になる。これが、男女別々で座席配置をすれば、「四月のときの座席は良かった」と一年間言われることになりかねない。

この時に、「隣同士、机はくっつける」というルールも入れたい。机をほんの少し離すところから、いじめが始まる可能性があるからだ。

二　座席配置のルール

(1) 生活班、号車の概念

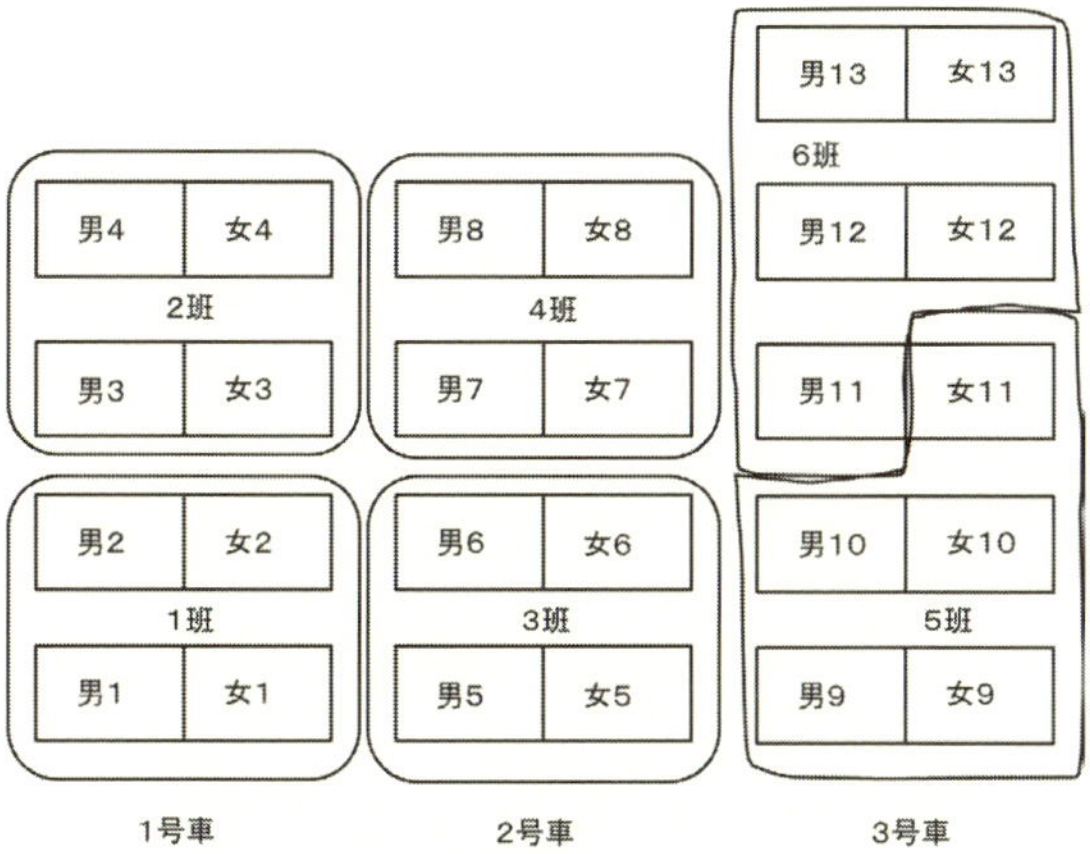

男女別名簿順座席配置の例

生活班と号車をどのようにするのか、子どもに伝えておくと授業や学級経営を行いやすい。

右図についてであるが、四角で囲まれた四、五人のまとまりが生活班である。1、2班が1号車、3、4班が2号車、5、6班が3号車である。電車のようにつながっているからだ。

男子と女子の11番で5班と6班に分かれている。どこで分かれるのかを、年度初めに規定しておくとよい。例えば、席替えをした後にどちらが5班、6班になるのかを決めると、友達の好き嫌いでしこりが残ることもある。初めにルールを決めておくことが大切だ。

(2) その他のルール

①クラスの人数が奇数の場合は、三人組を一つつくる。

②視力などにより、座席移動が必要な場合には、前年度担任から話を聞くか、子どもに出会った後に子どもに聞いてみるのがいい。

③机と椅子の高さが子どもの身長とあっているのかを見る必要がある。椅子に座った時に、足が床に着くか、膝が曲がりすぎていないかを見る。予め子どもの身長を養護教諭に聞いておき、背の高い子から順に、高い机と椅子を用意するやり方もある。

④どこに座るかの指示は、黒板に書いておいたり、座席表を黒板に貼っておいたりするとよい。子どものネームプレートを机に貼っておくというやり方もある。

⑤机の定位置に、赤の油性マジックで印をつけておく。すると、座席をすぐにまっすぐにそろえることができる。机の後ろ脚側の床に印をつけておくと、子どもは机を揃えやすくなる。

第3章 教室を設計する

② 靴箱・ロッカーの名前のつけ方
子どもの使いやすさを予想する

埼玉県三芳町立三芳小学校　鈴木裕美

一　名前の表示方法

（1）表示方法

①名前のみ
②番号と名前
③番号のみ

　③の番号のみは、あえて誰の靴なのかわからないようにする方法である。靴隠しなどのいたずらが起きるのを予防している。この方法は一年生にはおすすめしない。自分の場所がわからなくて大混乱になる。低学年は番号と名前を書いたシールを貼るのが良い。

（2）名前シールの種類

①白のビニールテープ
②ラベルシール
③名前シール専用の機器で作成
④ビニールテープの上に、ラベルシールを貼る（重ね貼り）

　多くの先生は①のビニールテープを使っている。理由は、簡単・便利・安いからだ。ただし、一枚一枚手書きで名前を書かなくてはならない。または、氏名印を押していく方法もある。

　②のラベルシールの良いところは、パソコンで一度にたくさんの名前シールを作ることができ、綺麗に仕上がる。しかし、学年末にシールを剥がす時に、なかなかきれいに剥がれなくて苦労することもある。

　③は簡単・綺麗に仕上がるが、手間がかかること、ラベルシートが他の物より高値という理由で、少人数の場合のみ使われることが多い。

　④は上級技。土台がビニールテープなので剥がしやすい。さらに「目立つ」ので、クラスの靴箱の場所がわかりやすい。

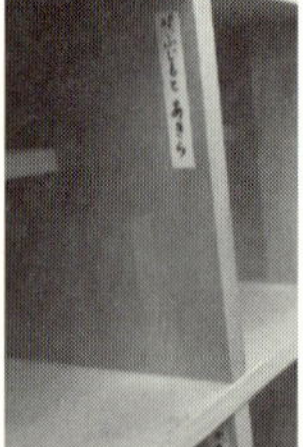

　その他、自分でテープに名前を書いて貼らせるという方法もある。どの方法がよいか、学年の先生たちと話し合い決めていくのが良い。

二　ちょっと便利なこんなアイデア

たくさんの名札を用意しなくてはならない。そんな時に便利なのは、ビニールテープとカッターマットである。

①カッターマットにビニールテープを貼る。
②そこに、どんどん出席番号と名前を記していく。
③カッターマットについている定規の線を利用して、カッターナイフで切っていく。

三　名前シールの貼り方

靴箱の場合

①始業式当日、クラスの子どもたちを背の順に並ばせる。
②自分の背の高さに合った場所を選ばせる。
③一年生は入学式当日の混乱を避けるために、あらかじめ出席番号順に貼っておく。

> 【ポイント】＊靴箱の数に余裕がある場合
> 一番上の段は使用しない。（低・中学年は背が届かない）
> 一番下の段は使用しない。（一番下の段は取りにくい）
> 上から順番に名前シールを貼る。
> 靴箱の内側 右側に貼る。（子どもが来て一目でわかる）

ロッカーの場合

①出席番号順に名前シールを貼る。
②ロッカーの横一列に順に貼っていく。

> 【ポイント】
> 横方向に名前シールを貼ると、帰りの支度をさせる時に便利である。「一番〜十番までの人 ランドセルを取りに行きなさい」と指示を出したとき、縦一列よりも取り出しがスムーズにいく。

【参考資料】
向山洋一・TOSS中央事務局『小学1年の学級づくり・基礎学力づくり』（明治図書）、向山洋一・森川敦子『入学式前後十日間をこう組み立てる』（明治図書）

第3章 教室を設計する

③掲示物の貼り方（教師・子ども）

写真や物を活用し、ちょっとした工夫をする

埼玉県皆野町立国神小学校　斉藤維人

一　前面掲示はすっきりと

教室にはいろいろな実態の子どもがいる。中には特別な支援を要する子もいる。そのような子は特に教室の前、黒板の周りはできるだけ何も貼らない方が授業に集中しやすくなる。若い先生ではこのようにはしにくいかもしれないが、できるだけシンプルな方が良い。そのかわりに、教室の後ろの一部を子どもの係活動のコーナーなどにしたり、掲示にこったりすると良い。

二　片付け方は写真で示す

ほうきや雑巾はどのようにしまうのか。「きちんとかけなさい」と言っても、子どもはわからない。六年生でもどのようにしたら良いかわからない子もいる。低学年では尚更である。そこでお手本を写真に撮り、ロッカーの中や雑巾かけのすぐ側に貼っておく。雑巾のかけ方、ほうきのかけ方、洗濯ばさみのはさみ方、どこに何本かけるのかなど、一目でわかるようにしておく。ラミネーターなどでパウチしておくと、長持ちする。

雑巾には乾拭き用、廊下用、黒板用など、どこに使う雑巾なのか油性ペンで書いておくのも大切である。特に低学年などでは、床の乾拭き用の雑巾で給食台や机を拭いたりしてしまうことがよくある。使い分けを教えるためにも、どこに使う物か明らかにする。

家庭科主任や理科主任などになった時は、包丁やお皿、理科の実験器具など、授業で使う用具の片付け方を同じように写真で貼っておけば教師にも子どもにもわかりやすくなる。

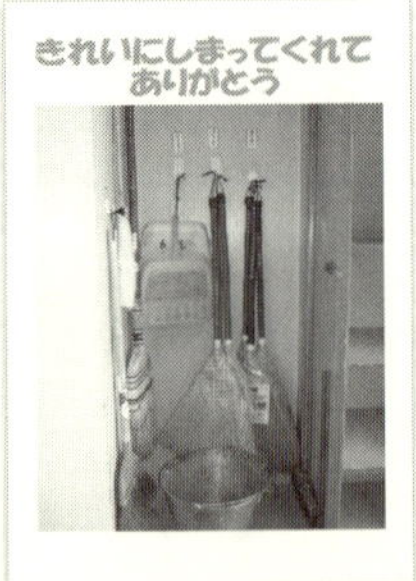

三　画びょうは斜めに刺す

画びょうはまっすぐ刺しこむと、爪を立てても、なかな

か取れなくなる。画びょう取りなどが必要になり時間もかかってしまう。お薦めは左の写真の様に、斜めに刺すやり方である。このようにすると、外したい時は、指を引っかけて簡単に取ることができる。しかも、ただまっすぐ刺すより丈夫に固定できる。

四　お薦めクリップ

下の写真のように、両側がクリップになっている物があります。子どもの絵などを掲示する時に使うと便利である。画びょうを使わずに、上下の作品をつなげられる。子どもの作品をコンクール等に出す時に、画びょうの穴が開いていては台無しである。これを使えば作品を傷つけることがなく、お薦めである。

五　あると便利、養生テープ

いわゆる布テープやガムテープなどよりも接着力が弱いテープである。接着剤が壁や床に残りにくく、傷や汚れがつきにくい。半透明や緑色など、い

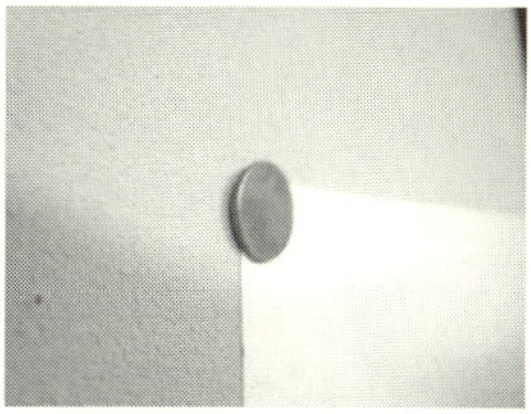

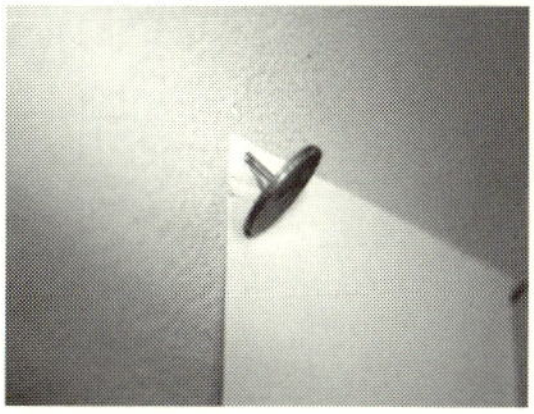

くつか種類があり、ホームセンターやインターネット上で購入できる。子どもの作品の裏に貼り付けて補強する。壁に何かをつける、ちょっとした修理に使う時など、個人持ちで教室に常備しておけば、職員室に取りに行く必要もない。すぐに使えて便利である。

六　お便りの掲示は透明ファイルで

学校便りや保健便り、学年便り、給食の献立表など様々なお便りが配られる。必ずしも掲示する必要はないが、若手の先生は貼った方が良い。掲示には百円ショップなどでも売っている透明なファイルが便利である。B４のお便りならば、少し大きめの物がお薦めである。ファイルに題名などを貼って掲示する。配布物は受け取ったらすぐに掲示しないと忘れてしまうことがある。のりも何もいらずにそのまま入れるだけで掲示でき、便利である。

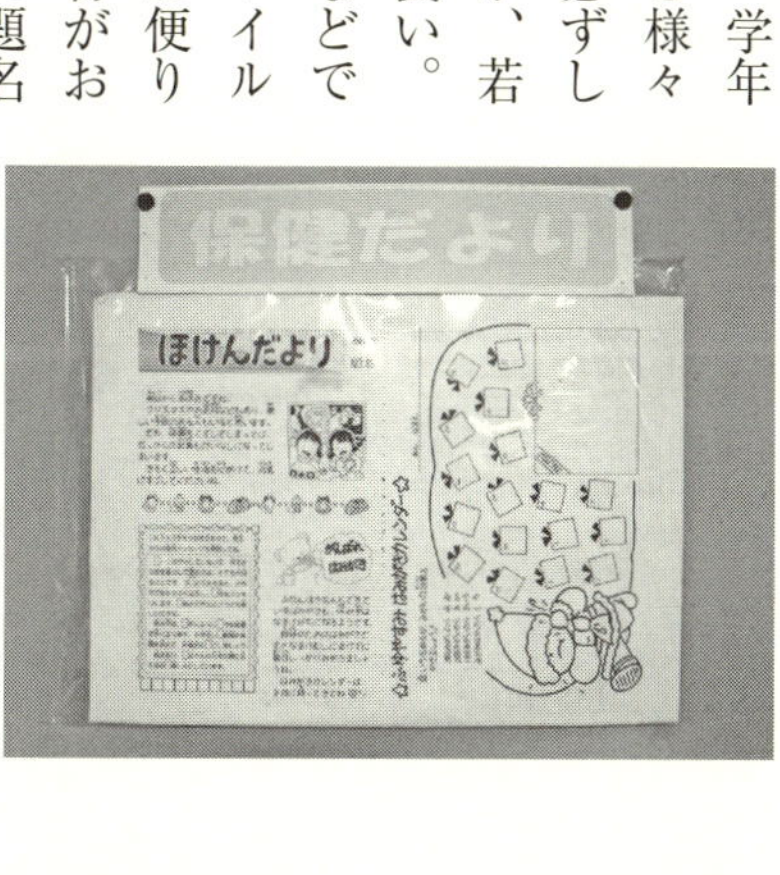

第3章 教室を設計する

④給食当番表の作り方

「子どもの混乱が少ない当番表はどれか」という視点で、当番表をつくる

群馬県桐生市立新里中央小学校　岡田悠亮

一　給食当番表をつくる際のポイント

給食当番表を作る上で大事なポイントは、

> 子どもの混乱が少ないものにすること

である。単に役割を決めればよいというものではない。

二　様々な給食当番

様々な当番表がある。自分のクラスに合うものを選択。

(1)　円盤

よく見かける円盤型の当番表。中の円をクルクルと回すことで、次の仕事が分かる。

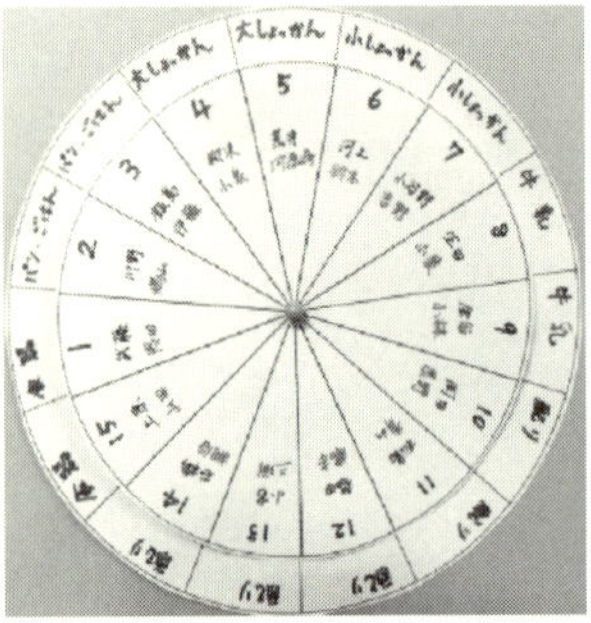

(2)　さしこみ

当番が書かれている封筒のようなものに、氏名が書かれたカードが挿入されており、その仕事をする。仕事を交代する時は、氏名のカードを次の当番にさす。

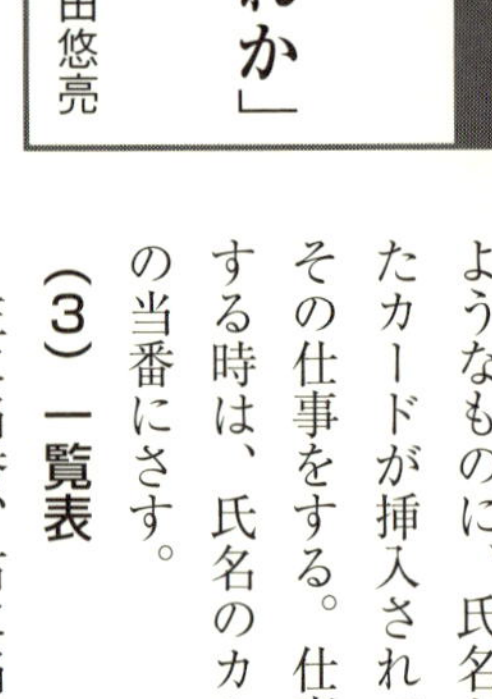

(3)　一覧表

左に当番、右に当番者が書かれている。交代の時は、名前のカードを次の役割の所に移動する。

給食当番表

	A班	B班	C班
大しょっかん	川野	松島	伊藤
大しょっかん	飯島	福田	小泉
小しょっかん	柳沢	小宮	染谷
小しょっかん	荒井	石橋	河原崎
牛乳	河上	上原	鈴木
牛乳	小谷野	武藤	吉野
パン・ごはん	生田	恩田	小栗
パン・ごはん	金谷	鳩山	岡田

三　当番表で考えること

円盤型を含めた「動かす」パターンの当番表は、次のような注意点がある。

一つ目の問題。初任の時、円盤型を使用していた。その時に次の問題が生じた。

> 子どもがクルクルと勝手に回してしまった

のである。先週は一体どこだったのかを子どもから聞くので、「先週はここだ。」「いや、こっちじゃないか。」と混乱が生じた。

二つ目の問題点は、

> 休みの子がいた際は、誰がやるのか。

当番が欠席した場合、誰がやるのかを決めておく必要がある。さらに、欠席者が二人だったら、誰が何をやるのかも考える。また、誰が欠席者のかわりをやるのかが決まっていないと、担任が気分で「Ａちゃんやって」と頼んだときに「いつもＡちゃんだ。」「僕やったことない。」など不平不満が出る。担任が不在でもわかる仕組みを作る。

三つ目の問題点は、

> 仕事が一つしかない場合は、どちらがやるのか。

例えば、ご飯用の食器と汁もの用の食器の二種類があり、それぞれ別々のかごに入っているとする。食器の当番は、二名。二種類ある日は、両者が取りに行く。しかし、パンの日でカゴが一種類の日、話し合いで決まればいいが、弱い子ばかりが損をする仕組みになったら大変だ。

四　私のクラスの当番表

右の問題を避けるため、四月に給食当番年間計画表というのを出す。これだと、来年の三月までの当番がわかる。

「子どもが回す」心配はない。一部を下に載せた。四月はクラスの半分の子が当番、五月はもう半分の子が当番。当番でない子は読書をしている。当番のうち、二人は配り係。他に、当番の給食配りが三人いる。

	4月10日 ↓ 4月27日	5月1日 ↓ 6月1日	6月4日 ↓ 6月29日
大しょっかん	田中	清水	1 小池
大しょっかん	金谷	染谷	2 金子
小しょっかん（行き）	岡田	松井	3 田中
小しょっかん（帰り）	松島	鈴木	4 金谷
牛乳	福田	吉野	5 岡田
牛乳（洗う）	星野	小栗	6 松島
〜	〜	〜	〜
おぼん	山本	恩田	11 柳沢
配り①	小池	鳩山	伊藤
配り②	金子	伊藤	山本

欠席者がいた場合は、配り①が行う。二名いた場合には表の上から順に、配り①と②が行う。

仕事には、「小しょっかん（行き）」「小しょっかん（帰り）」がある。小しょっかんが一つしかない場合に、どちらが取りに行き、返すのかを表している。役割の交代は、二マス下にずらし、下に書かれている人が上に上がる仕組みである。

なお、当番の交代は「一カ月交代」である。「一週間交代」ではない。一カ月と期間が長いので、作業に慣れ、非常に早く準備ができるようになる。子どもの混乱が少ない。

⑤そうじ当番表の作り方

機械的に分けるよりも、一人一人立候補をさせることで、より意欲的に

埼玉県秩父市立花の木小学校　梅沢貴史

一　そうじ当番を機械的に決めると……

よくあるのは「班」をベースにして決める方法である。班の中でほうきやぞうきん担当などを子どもたちが決めることになる。するとどうなるか。

> 話し合いで時間がかかり、いつまでもそうじできない。
> やんちゃがほうきなど楽なそうじを選ぶ。
> そうじへのやる気がなくなり、叱られることが増える。

また細かく分担を決める方法として、「円」型のそうじ当番表を作る実践もある。大小二つの円を作り、大きい円に出席番号もしくは名前などを書き、小さい円にそうじ分担を書く方法である。そして一週間ごとにずらしていく。

このやり方は、きちんとした清掃指導ができる教師ならば成立するだろう。しかし、経験が少ない教師では、このやり方でも難しい。機械的に分担を決めているからである。

二　梅沢学級のそうじ当番表

梅沢学級は次のようなそうじ当番表を毎年使っている。

６年１組　掃除分担表　　　　月

	ほうき①	ほうき②	からぶき	水ぶき	机運び① 黒板・黒板下 本だな	机運び② 黒板・黒板下 ロッカー
教室	配膳台片付け	配膳台片付け	ドアガラスふき	窓ふき		
チャレンジ⑥			ドアガラスふき	窓ふき		
教室、チャレンジ⑥ろう下	窓ふき		流し	流し		
職員玄関階段						
６年生トイレ	女子（窓・鏡ふき）	女子（流し）	男子（窓・鏡ふき）	男子（流し）		
（男）１年生トイレ	窓・鏡ふき	流し				
（女）１年生トイレ	窓・鏡ふき	流し				

○毎月、月初めにこの当番表を掲示して決める（１ヶ月交代）。
○右上には何月かを書き、余白部分には子どもの名前を書く。
○希望が重ならなければ、２ヶ月は同じ分担を掃除してもよい。
○希望の重複により、じゃんけんで負けた子は、次の月は「優先」として、希望の分担を先に選べる。

このそうじ当番表のメリットは次の三つ。

①そうじの分担が一人一つずつ細かく決められている。
②（時間までそうじをする場合）早く終わったあとにそうじする内容も決められている。（サボれない）
③一度作ると、クラスの人数とそうじ場所の修正をするだけで済む。

また、最大のポイントは、「立候補制」であることである。自分が決めた分担なので、指導がしやすくなる。以下、作り方、子どもの分担の決め方である。

三　作り方

年度初めの職員会議で、クラスごとのそうじ分担が提案される。決まり次第、すぐに作成に入る。

①自分のクラスの分担を確認する。
②昨年、同じ場所をそうじしていた先生に、「何人で、どのようにそうじしていたか」を聞く。（異動していたら、同学年の先生などに聞く。）
③クラスの人数に合わせて、仕事分担を決める。

四　子どもの分担の決め方

そうじ当番表を見せて、説明する。

①自分がやりたい分担に名前を書く。
②早いもの順ではないので、すでに他の子の名前があっても書いてよい。
③ただし、重なったらじゃんけんで決める。

補足として、「一カ月交代（そうじが上手になる）であること」「最後までじゃんけんに負けてしまった子は、次は『優先』として、やりたい分担ができること」も伝えておく。

決まった子から書かせる。その際に、やんちゃが無理矢理やりたいところを書いていないかどうか、教師はしっかりと見ておく。やんちゃの勝手を許してはいけない。

全員が書き終わったら、「一人しかいないところは決定です。重なっている人は動かなければ、じゃんけんです。」と話して、重なっている子の名前を読み上げる。あとはじゃんけんで決める。

立候補制であるため、サボる子がいたら、「あなたが決めた分担です。」と一言言うだけで指導ができる。もちろん、そうじのやり方を教えた上で、である。

⑥係活動が見える工夫
係活動と当番活動は異なる 本来の係活動はクラスが盛り上がる

埼玉県秩父市立花の木小学校　梅沢貴史

一　係活動と当番活動は異なる

向山洋一氏は言う。

> 当番活動は、毎日、繰り返される学級全体に奉仕する活動である。
> 係活動であるが、これも二つに分けられる。
> 第一は、創意・工夫のあまりいらないものである。
> 例えば、「黒板係」とか「配り係」とかである。
> これらは、通例「係」と呼ばれているが、仕事内容は「当番」に近い。
> さて、本来の係活動である。
> これは、クラス全体にかかわるものであり（したがって、クラブみたいなものは入らない）創意・工夫のかなりできるものである。
> ※「教室ツーウェイ」No.89、P.10〜11より

よって係活動と当番活動は次のように分けられる。

> 当番活動…毎日、同じ手順でくり返される学級全体に奉仕する活動。
> 係活動……①創意・工夫の余りいらないもの。当番活動に近い。（例　黒板係や配り係など）
> ②創意・工夫のかなりできるもの。（例　新聞係やレクリエーション係など）

低学年では明確に区別されなくてもよいが、中・高学年では明確に区別していく。「本来の係活動」とされている係活動②が活性化し、クラスが盛り上がっていく。

二　係活動を組織する

谷和樹氏の追試である。

> ①係は何人でつくってもよい。
> ②係はいくつつくってもよい。
> ③係はいつつくってもよい。
> ④係はいつやめてもよい。
> ⑤ただし、いずれの場合も全員の前で宣言しなければならない。

加えて、梅沢学級は全員を係に所属させている。

> 学級が明るく、楽しくなるような、自分たちがやってみたいことをするのが係活動です。どんな活動が考えられますか。

レク係、新聞係、イベント係、ゲーム係、お誕生日係、クイズ係などが出てくる。出なければ、教師がいくつか例を挙げる。ただし、「ゲーム機を持ってくる係」など明らかに学級でできない係は「放課後にやってね」と避ける。

> どの係をやりたいか選びましょう。

後で係を加えて作ることも、入ることもできることを伝え、係を選びやすくする。

三　係活動が見えるようにする

次に八つ切の画用紙に、以下の四点などを書かせる。

> ①係の名前　②メンバー
> ③いつやるか　④どんな内容か

そして、全員の前で読み上げさせる。この「質問を受ける」ということも大切である。あやふやだったことが、はっきりするからである。これも「見える」工夫である。また「係の名前」も「お誕生日係」→「バースデー係」などと楽しそうな名前にさせてもよい。

その後、書かせた紙を教室に掲示させる。（六年生の作品）

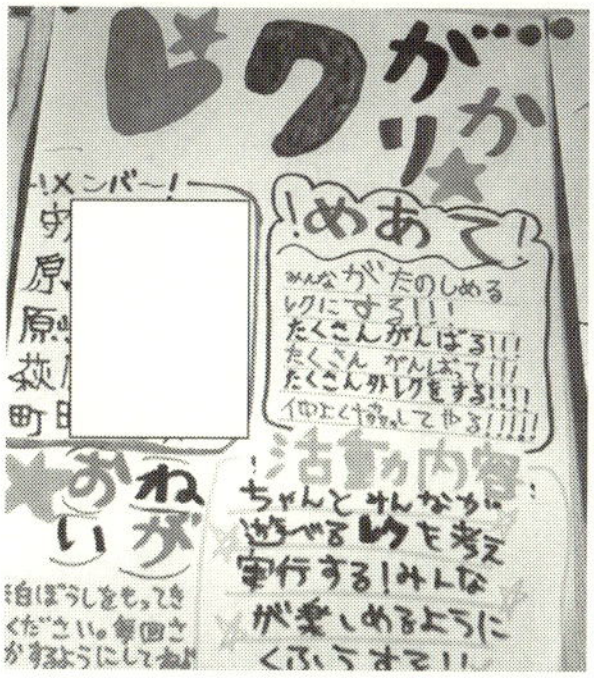

また、この紙をもとにして、係活動が停滞している、見えなくなっている係には、係活動（学級活動）の時間に「今日はどんな活動をしますか。」などとチェックを入れるとよい。

【参考資料】
TOSSランド No. 2800022「当番活動と係活動を区別せよ」中野幸恵
TOSSランド No. 4675649「アイデアあふれる係活動で楽しいクラスに！こう仕組めば子どもが動き出す」岩田史朗

⑦教室に備えておきたい本
向山洋一氏の本は教師にとって必読書である

千葉県成田市立豊住小学校　大野眞輝

一　どのような物を教室に備えておくべきか

向山洋一氏は、伸びる教師の教室には次のようなものが見られると述べている。

> 一、数冊の辞書
> 一、最近の教育雑誌
> 一、十冊以上の教育書
> 一、分類別に綴った三十冊以上のファイル
> （向山洋一著『授業の腕をあげる法則』明治図書）

私も、これをもとに教室に本を備えるようにしている。

二　教育書は、どのような物を備えるべきか

向山洋一氏の本は面白いし、明日から使えることがたくさん示されている。教室に置かれることをお勧めする。

まずは、『授業の腕をあげる法則』（向山洋一著、明治図書）が必須だ。この本には、授業を上手に行うための十の原則が示されている。

新卒一年目は、ほとんどの場合授業が上手くいかない。授業を行う力量が不足しているためだ。子どもは授業に飽きて、勝手にしゃべりだしたり、立ち歩いたりするが、それを止めることがなかなかできない。私自身もそうであった。

しかし、この本で述べられた十の原則を意識すると、少しずつ子どもたちの反応が変わってくる。子どもたちが授業に対して集中するようになるのだ。私はこの本を何度も読み込み、十の原則を暗記し、授業中に意識するようにしていた。

『子供を動かす法則』（向山洋一著、明治図書）も置いておきたい。この本には、子どもを動かすための法則が示されている。なかでも次の法則に私は何度も助けられてきた。

> 最後の行動まで示してから、子どもを動かせ。

このことを知っているだけで、子どもたちが混乱して、教室が騒乱状態になることを防ぐことができる。

また、次の本も教室に置かれることをお勧めする。

『いじめの構造を破壊せよ』（向山洋一著、明治図書）

『学級を組織する法則』（向山洋一著、明治図書）

『教師修業十年』（向山洋一著、明治図書）
『続・授業の腕をあげる法則』（向山洋一著、明治図書）

三　学級崩壊から私を救った一冊

新卒一年目、私のクラスは学級崩壊になった。授業中に子どもたちが勝手にしゃべり始め、立ち歩くようになった。教師の指示を子どもたちが一切聞けない状態にもなった。

それでも私は、子どもに嫌われないようにと思い、媚びていた。そのため、叱ることができない教師を脱することができなかった。そんな私に対して、子どもたちはますます反抗するようになった。夏休みに入り、一冊の本に出会った。『学級崩壊からの生還』（向山洋一著、扶桑社）だ。この本には、荒れた教室を立て直した四十人の教師の記録が紹介されていた。この本の記録の中で特に共感したのが、辻弘一氏の「地獄の日々からの生還」だった。辻弘一氏は、学級崩壊から生還するために、ある自覚をした。

◎統率者であることの自覚
　クラス一のガキ大将になってやろうと決意した。
　～中略～
「先生の言っていることが正しいんだ」
「先生の言っていることがこのクラスのルールなんだ」
　そんな気構えで、子どもたちと勝負していった。

それを読み、私は次のことを強く自覚することができた。

私に足りないものは「統率力」である。

統率力は、「自分自身がクラスを統率するんだ」という自覚から生まれる。

そして、私自身がクラス一のガキ大将になることを目指して、二学期をむかえた。指示は、何としても守らせた。すると、子どもたちは、次第に私の話に耳を傾けていった。私は、「チャンスだ！」と思い、次々に子どもに目標を持たせていった。

「全員、側転達成」
「長縄八の字とび、三分で四百回達成」
「六年生を送る会の成功」

結果的に、すべての目標が達成できた。それも、この本のおかげである。

四　余裕があれば学級文庫に置く本も用意する

教室には、前からその教室にあった本が学級文庫の本として置かれていることが多い。そのため、絶対ではないが、余裕があれば学級文庫の本も自分で用意したい。歴史まんがや『火の鳥』（手塚治虫）がお勧めである。子どもたちは喜んで読むようになる。

⑧忘れ物対策
忘れ物は叱らず、貸し出し、ほめてしつける

埼玉県入間市立豊岡小学校　木村正章

一　対応の基本は「忘れた物は貸す・持ってきたらほめる」

> 教師が叱っても、子どもの忘れ物は減らない。

これが、私が忘れ物指導をしてきて感じたことである。いくら教師が叱っても、忘れ物は減らないのである。

一番よい方法は、

> 教師が忘れた物を子どもに貸し出す。

ことである。そのために、教師は貸し出す物を準備しておく。私が教室に準備しているのは、次のようなものである。

> ①赤鉛筆　②鉛筆　③定規（三角定規）④消しゴム
> ⑤分度器　⑥ノート　⑦油性ペン（黒）⑧はさみ　⑨のり

これらを、教師用の机の上や後ろの棚の中へ置いておく。子どもが忘れ物をしたとき、すぐに貸し出すことができる。

教師用の机上に鉛筆、赤鉛筆、ノートを置いておく。定規、はさみ、のりは後ろの棚の中に入れてある。

そして、子どもが忘れ物をしなかったときが大切である。

> 忘れなかったとき、必ずほめる。

教師がほめ続けることで、子どもの忘れ物が減っていく。

二　忘れた物を貸すときに子どもをしつける

教師が貸し出すといっても、子どもに黙って持って行かせてはいけない。

> 貸し出すときは、しつけのチャンス

なのである。

貸し出すときに、子どもに言わせたいことがある。

報告・謝罪・方針

である。これは、社会に出てからも大切な話し方だ。これに沿って忘れ物をしたときの言い方を教える。

「先生、〇〇を忘れました（報告）。ごめんなさい（謝罪）。貸してください（方針）」

きちんと言えたことをほめる。返すときの言い方も教える。

「ありがとうございました」

これもきちんと言えたらほめる。鉛筆、赤鉛筆は削って返すことも教える。

忘れ物を一度もしないで過ごせる人はまずいない。忘れたときにどうすればよいかを教えることは大切なことである。

三　整理整頓する習慣を身につけさせる

忘れ物が多い子に共通して見られることがある。

整理整頓ができない。

忘れ物指導と一緒に整理整頓の指導も行っていきたい。

①整理整頓タイムを設ける

金曜日の帰りの会、朝自習の時間など、一週間の中に整理整頓する時間を設定し、引き出しの中をきれいにさせる。「いつも同じ時間に行う」ことが大切である。子どもが安心して活動を見通すことができる。

②きれいな状態の写真を見せ、整理整頓させる

整理整頓が苦手な子は、「きれいな状態」がイメージできない。きれいな状態を写真に撮り、「同じようにしてごらん」と指示を出すことで、子どもは整理整頓しやすくなる。

③教師が一緒に片付ける

整理整頓が苦手な子に、一人で作業させてもきれいにならない。教師が一緒に片づけ、手本を見せる。できるようになるまで一緒に続ける。

教えて、ほめる。

ことが大切である。

【参考資料】
ＴＯＳＳランド No.1318009「忘れ物をした児童に対する指導」小林正快
ＴＯＳＳランド No.7743414「忘れ物への対応の仕方」岩田史朗

⑨子どもが吐いた時の処理

教室に「嘔吐物処理セット」を常備し、慌てることなく対応

群馬県桐生市立新里中央小学校　岡田悠亮

一　処理のポイント

子どもが嘔吐した際のポイントが三つある。

①教師の冷静な対応
②嘔吐した子への対応
③その場にいた嘔吐をしていない子への対応

二　嘔吐物処理セットを教室に常備

子どもが吐いたら「すぐに」「正しく」対応しなければ、場合によってはノロウイルス感染拡大の恐れがある。

嘔吐の際、すぐに処理できるよう「嘔吐物処理セット」を教室に常備しておく。教室の分かりやすい所に置く。

【セット内容】＊すべて使い捨てである
①ゴム手袋
②マスク
③新聞紙（２面分）
④嘔吐袋（嘔吐した児童に渡す）
⑤ゴミ袋
⑥キッチンペーパー
⑦エプロン

嘔吐袋は、封筒などの紙袋の中に、ビニール袋（黒がよい）を入れた物である。

三　手順

子どもが嘔吐をした時、教師は「あー。金谷くん吐いちゃったのー。」などと言ったり、「どうしよう。」などと慌てたりしない。周りの子が動揺してしまう。冷静に早急に対処する。処理の手順である。

①セットの中の嘔吐袋を子どもに渡す。
②新聞紙を取り出して嘔吐物を覆う。嘔吐物の飛散を防ぐ。また、嘔吐物が見えないので他の子への刺激も少ない。
③周囲にいる子を違う部屋など離れた場所に移動させる。
④養護教諭に連絡をし、嘔吐した子の対応をしてもらう。その際、消毒液を持ってきてもらうとよい。
⑤嘔吐をした子が体操着などに着替える必要があるので、養護教諭が来たら渡す。

⑥部屋を換気する。
⑦手袋とマスク、エプロンを装着する。
⑧嘔吐物を広げないように、外から内に向かって静かに拭き取る。同一面で拭き取ると、汚染を拡大する可能性があるので注意する。
⑨使用した新聞紙やペーパーは、すぐにゴミ袋に入れる。セットに入っているのより多くの新聞紙が必要なことがある。教室に何日分か置いておくとよい。
⑩床から嘔吐物を取り除いたあと、消毒を行う。

> 塩素系漂白剤（塩素濃度0・05〜0・1％）

を用意し、ペーパータオルを液に浸す。浸したペーパーを床に広げて、十分程度放置する。ペーパーを広げる範囲は、嘔吐物のあった範囲より広くする。ペーパータオルは、タオルでもよい。
⑪処理後は、手袋やマスクなどを新聞紙と一緒にゴミ袋に入れ、口を縛る。
⑫先ほどの袋を、さらに別の袋に入れて捨てる。
⑬次亜塩素酸系の消毒液は、金属を腐食させるため、よく拭き取り十分くらいしたら水で拭く。
⑭しっかりと手を洗い、うがいをする。
⑮ウイルスが付着しているかもしれないので着替える。

四　その場にいた嘔吐をしていない子への指導

嘔吐物を見るのは、誰でも嫌なものである。しかし、嘔吐をした子に対し「きたねぇ。」「気持ち悪い。」などの言葉を浴びせるのはひどい。このような言動を事前に防ぐ必要がある。また、嘔吐をした後の数日間、その子が使っている鉛筆などを「ゲロの鉛筆だ。」などと呼ぶなどのいじめに発展する可能性もある。それを防ぐために、私は日頃から子どもたちに次のようなことを言っている。

> ①嘔吐をした子に対し、「きたねぇ。」「気持ち悪い。」などのひどい言葉を言わない。
> ②吐いた子のものを「ゲロの鉛筆だ。」などと言うことはいじめである。
> ③いじめは、犯罪である。

一回言っただけで伝わらないこともあるので、折に触れ何度も言う必要がある。
また、実際に嘔吐があった場合に、他の子が教えたことをできていたかを確認する。できていたらほめる。

【参考文献】
群馬県ホームページ「おう吐物の処理方法」

⑩教室にあると便利なグッズ ものの整理整頓 ものの貸し借りの約束

埼玉県戸田市立戸田南小学校　土信田幸江

一　便利グッズ

①「貸し出し用文具類」

子どもが忘れ物をしたときに、忘れたことを悪かったと思っている子がほとんどだ。しかし、何もないのでは学習ができない。そんなときに叱らずに貸してあげる。忘れたときに、貸し出す用の文具類（体育用の帽子やなわとび）があると、子どもも安心して学習できる。

鉛筆　赤鉛筆　ミニ定規　消しゴム　ネームペン
色鉛筆　クレヨン　のり　はさみ　下敷き
三角定規　分度器　コンパス　絵の具　習字道具
なわとび　赤白帽子　など

②「紙・カード類」

子どもたちが使うこともあるし、自分が使いたい時もある。教室に常備しておくと便利だ。学期の初めに一度に補充する。

A４の紙　B４の紙　白の画用紙　色画用紙（何種類も）
四百字詰め原稿用紙　いらないプリント（裏紙にする）
５ミリ方眼のノートのコピー　漢字練習帳のコピー
休みの子の連絡カード

③「ゲーム類」

雨の日や給食のときなど、教室に遊び道具が準備してあると、子どもたちが落ち着いて過ごせる。なるべく知的な内容で、普段の授業でもふれられるものが良いだろう。

トランプ　UNO　iPad　「五色百人一首」
「五色名句百選」　カルタ　パズル　すごろく
おりがみ　学級文庫

※「五色百人一首」「五色名句百選」は、東京教育技術研究所で申し込みができる。

http://www.tiotoss.jp/products/list.php?category_id=20

④「給食」

給食のときに、残菜をできるだけ少なくするもの、給食台を衛生にするものをおいておく。

> 塩　キッチンペーパー　エタノール　水ぶき布きん数枚

⑤「保健用品」

保健室で用意してくれる学校もあるが、小さな怪我にはあると心強い。

> 消毒液　ばんそうこう十枚程度　体温計

二　教室にあるものの整理整頓

教室にあるものは、できるだけ置く場所を特定しておく。大まかに、前・後と左右の三ゾーンに分けて収納。

> ①教室前方：ガラス戸、本棚
> 教師のもの（教師用教科書・教育雑誌・貸し出し用ノート・マジックや文具類）
> ②教室後方：ロッカーの上
> 子どもの共用もの（ボール・大縄・辞書など）
> ③教室左右：窓下のロッカー
> 子どもの個人のもの（絵の具・習字セット置き場）

子どもが置いてある場所がわかるので、自分で持ってきたり片付けることができ、教師の余分な手間が省ける。

三　ものの貸し借りの約束

黄金の三日間で「モノは使ったらお礼を言って元に戻す」ように話しておく。

> 『これからグループで作業するときに、マジックをつかうことがあります。先生のものですから、教室の前のガラス戸に、八セットあります。「先生貸してください。」と言ってから借りましょう。借りたときと同じようにして返せるように丁寧に使います。「ありがとうございました。」と返します。約束できる人？』

この話をしておくと、一年間気持ちよく子どもとものの貸し借りをすることができる。最初の約束が肝心である。

【参考資料】
ＴＯＳＳランド No.3808474「教室にあると便利なグッズ」
堂前直人
ＴＯＳＳランド No.6835020「教室にあると便利なグッズ」
西野俊太

第4章 子どもとの出会いの日

① 一日の動きをイメージする

出会いの一日はあっという間に過ぎる事前に計画を立てることが必要

千葉県千葉市立磯辺第二小学校　中村雄司

一　子どもとの出会いの日は忙しい

黄金の三日間の初日。一年間の学級経営を規定するそのスタートの日に、あれをやろう、これもやりたいと思っていた。しかし、実際には、やることが多くて何もできなかったりする。そこで、次のことが必要である。

①一日の大まかな流れをつかむ
②その日にやらなければいけないこと、配布しなければいけない物などの確認する
③残った時間に何を話すか、何をするのかを決めておく
④子どもの動きをイメージする

調べてみるとわかるが、出会いの日は忙しいのである。優先順位を決めて何をするのか精選することが大事である。

二　一日の大まかなイメージ

まずは、一日の大まかなイメージをもつことが大事である。次の準備でイメージをもつ。

①職員会議の資料から、何時間目に何をするのか把握をする。
②職員会議の協議事項での話し合いで一日の流れをつかむ。

何時間目に何をする程度のことでよい。また、特別な日課で時間が変更になっている場合は、そのことも押さえておく必要がある。私の今年の予定は次のようになった。

一時間目　着任式・始業式
二時間目　学級の時間
三時間目　学級の時間

つまり、自分で使える時間は、二時間あった。その二時間の中で配布をしたり、連絡をしたりすることがたくさんある。そうすると、一時間くらいしか自分で考える時間はないと思った方がよい。六年生の担任だと、入学式の準備練習が入ることもある。

三　その日にやること、配布するもの

出会いの日に、何をするべきか確認する必要がある。ポイントは次の四つである。

①配布物の確認をする。（集金や手紙なども）
②教科書の確認をする。
③連絡帳に書くことを決める。
④とにかく、同学年の先生に聞く。

出会いの日にやらなくてはいけないことはたくさんある。ここで、一つでも配り忘れ、連絡し忘れなどがあると、担任の信頼にもつながる。事前にしなければいけないことをピックアップする必要がある。また、その学校での慣習のようなものもある。例えば、教科書のおいてある場所や休み時間での遊び方のルールなどである。聞かなければわからないことがたくさんあるので、同学年の先生や同僚の先生に遠慮しないで聞いた方がよいだろう。

四　何を話すのか、何をするかを決めておく

初任の時に、始業式が終わり意気揚々と教室へ戻ってきた。これから、私の教師人生がスタートすると思っていた。教室へ戻り子どもたちとの時間があった。しかし、何をしたらよいのか全くわからなかった。そして、時間が経つにつれて学級はあれていったのである。何を話すか、何をするのか考えておくとよいだろう。例えば、次のことは考えておくとよい。

①着任式でのあいさつ（初任、異動した場合）
②始業式が終わり教室へ戻って来て何を話すか
・自己紹介
・質問を受けつける
・どんなクラスにしていきたいか
・学級の簡単なルール
③休み時間は何をするか
④帰りの会に何を話すか

この他にも、子どもの動きを考えるといろいろなことが見えてくる。掃除があったら、どうするか。始業式の前に子どもたちには何をさせておくか。明日、子どもが登校したら何をするか。どのような指示を出すか。

このように、一日のイメージをもつことで、自分に何ができるのか、何をすればいいのかがはっきりとしてくる。その上で、詳細な部分を考えていく。

第4章 子どもとの出会いの日

②カッコいい、ステキな先生の身だしなみ

教師は人に見られる職業
学校で一番格好いい、素敵な教師になれ

兵庫県南あわじ市立倭文小学校　榎本寛之

一　教師は人に見られる職業である

教師は人に見られる職業である。

子どもはもちろん、保護者や地域の方も頻繁に学校に来る。たくさんの人に見られているということを自覚しなければならない。

そして、いい教師かそうでないかは、まず「身だしなみ」で判断される。

「身だしなみ」を辞書で引いてみる。

次のように書いてある。

> 身のまわりについての心がけ。頭髪や衣服を整え、ことばや態度をきちんとすること。（『広辞苑』）

「身だしなみ」とは単に服装だけではない。

言葉や態度も含まれるのだ。

二　学校で一番格好いい教師になれ

子どもとの出会いの日。

子どもたちの視線は教師に集まる。

担任の先生を他の先生と比べている。

ＴＯＳＳ長崎の伴一孝氏は次のように言う。

> 学校で一番格好いい教師になれ。

子どもたちも担任の先生に格好良くあってほしいと願っている。他の先生がスーツでビシッと決めているのに、自分の先生がジャージ姿だったら、がっかりするだろう。

特に高学年女子はファッションに敏感だ。

それだけで嫌われる要因となる。

男性であれば、スーツにネクタイが基本である。

その上で、次のことにも気をつける。

> ハンカチ　ポケット　運動靴

まずは、ハンカチ。

洗った後の手や顔の汗を拭くための必需品だ。可能であれば、予備を鞄に準備しておきたい。

持っていないのは話にならない。

次にポケット。

ポケットには何も入れないのが基本だ。

財布や鍵などが入り、ぼっこり膨らんでいるのは、みっともない。

最後に、運動靴。

案外、教師は足元に油断がある。

スリッパやサンダルでパタパタと音を立てて歩いているのは見苦しい。

これらをきちんとしても、頭髪がボサボサではだらしがない。出会いの前には床屋に行って、きれいに整えておく。

三　言動もきちんとせよ

まずは、言葉遣い。

教師の言葉遣いは、子どもに多大な影響を及ぼす。知らず知らずのうちに担任に似てくる。

品のない言葉を使わないように心がける。

子どもを呼ぶときは、次のようにしたい。

> ○○君、□□さん。

ニックネームで呼んだり、呼び捨てにするのは人権意識に欠ける。

次に態度。

子どもたちは、先生の立ち居振る舞いを見ている。

キーワードは、これである。

> 率先垂範（そっせんすいはん）

教師は先頭にたって、模範を示す存在でありたい。

子どもは明るい先生が大好きである。

出会いの日の朝、子どもに会ったら、「○○さん、おはよう。今年もよろしくね」と明るく声をかけたい。

たとえ、子どもからあいさつが返ってこなくても、明るく笑顔であいさつをする。

ゴミが落ちていたら自分から進んで拾ったり、トイレのスリッパを揃えたり、子どもたちと一緒に掃除をしたりすることが大切だ。

子どもたちには言うけれども、先生が全くしないというのでは、説得力がない。

これらの「身だしなみ」をきちんとするだけで、出会いの日から子どもたちの心をグイッと鷲づかみにできる。

子どもたちは先生が大好きになる。

第4章 子どもとの出会いの日

③インパクトのある初めてのあいさつ
子どもをひきつける素敵な出会いを演出

埼玉県入間市立豊岡小学校　木村正章

一 「折り句」を使って自己紹介

自分の名前を頭文字にして、自己紹介の作文を作る。

私の名前「きむらまさあき」を例に作ってみる。

> **き**れい好き
> **む**っとしないでいつもえがお
> **ラ**ンニングが大好きで
> **ま**いにち走っている
> **さ**わやかで　男前
> **あ**いじょうたっぷり
> **き**みたちのことを一番大切に思っています

教室で黒板に一行ずつ書いていく。

> 一行書くたびに子どもの方へ笑顔を見せる。

ことが大切である。背中を見せ続けると、子どもは勝手なことをし始める。楽しいことをしているのに、叱って学級をスタートしなければならなくなるからだ。

子どもたちは興味津々で読んでいく。時々笑いも起きる。明るい雰囲気が教室に広がる。最後まで書いたところで、「先生の名前は何でしょう」と聞く。「木村正章先生！」自己紹介だけで「今年の先生は楽しそう」と期待してくれる。

> 自分の得意なこと
> どんなクラスにしたいのか

こういったことを折り句へ入れていけば、自分のことも知ってもらい、さらに教師の願いも伝えることができる。

二 子どもの名前を、名簿を見ないで全員言う

ある年担任した、三年生の学級開きの様子である。

「先生、みんなに会うのがとっても楽しみだったので、名前を覚えました。呼んでいくので、返事をしましょう」

こう言うと、子どもたちは「え〜?」「無理だよ」といった顔になる。しかしどんどん名前が呼ばれ、呼ばれる子どもへ他の子の視線が集まる。最後の女の子が名前を呼ばれ、「はい」と返事をする。

「すごい！」「どうして！」子どもたちが次々驚きを口にして、拍手が起こった。

ほとんどの先生は、名簿を見ながら名前を呼んでいく。ひどい先生だと、名前を読み間違える。

名前は前日までに名簿を使いすべて覚える。これは教師として子どもに対する誠意である。

子どもは番号順に座るよう、黒板に記す。こうすることで、名前と本人を一致させることができる。

名簿を見ないで、全員の名前を言う。

これだけのことで、子どもは「今年の先生はこれまでと違う」と担任の先生を尊敬する。

三　「語り」を入れる

クラスの子どもに、「間違いを恐れない子になってほしい」と考えた。エピソードを入れて「語る」ことで、子どもの心へスッと入っていく。

例えば、エジソンのエピソードが有名だ。

四　笑顔・声の強弱と間・視線を意識する

前述したような、あいさつの工夫をさらに効果的にするポイントがある。

①笑顔
②声の強弱をつける。重要な話の前には少し間をとる
③子どもと目を合わせる

みなさんは、エジソンを知っていますか。

エジソンはいろいろなものを発明して、発明王エジソンと呼ばれています。しかし、エジソンは簡単に発明をしていったわけではありません。失敗をたくさんしたのです。

白熱電球を発明することもそうでした。何回も何回も実験に失敗しました。何回失敗したでしょうか。電球の材料には、日本の京都の竹が良いとわかるまで、八千回もかかっているのです（二万回という説もある）。

ある日友人が尋ねました。「君の実験は失敗ばかりではないか」

それを聞いたエジソンは、こう答えたそうです。「失敗した実験なんてないさ。この材料では電球がつかないことがわかったのさ」

エジソンだけでなく、科学というものは間違い・失敗を繰り返しながら発展してきたのです。

みなさんも、教室でどんどん間違い、かしこくなりましょう。


上記の三つのポイントを意識することで、子どもとの素敵な出会いを演出することができる。

【参考資料】
TOSSランド No.3687798「印象に残る教務主任の自己紹介の方法」大輪真理
TOSSランド No.3503351「出会いの瞬間、子どもの心をつかむ三つの語りの技術とその内容を紹介します」平山勇輔

第4章 子どもとの出会いの日

④夢を語って子どもを引き付ける
こんなクラスにしたい 夢の叶え方

埼玉県戸田市立戸田南小学校　土信田幸江

一　こんなクラスにしたい

努力するクラス
挑戦するクラス
あきらめないクラス
全員えがおのクラス

子どもとの出会いの日に、めざすクラス像を黒板に書いておきます。一年間同じ仲間で、学習も生活もしていきます。その中で、全員がめざすところを、初日に共有します。教室に入ってきたら子どもたちが一番に黒板を見て、全員で唱える。

そして、なぜこんなクラスにしたいのかを語る。

この○年生という一年間、みんなには大きく成長してもらいたいと願っています。これは先生だけでなくて、お母さんやお父さんも同じです。

一人ひとりができることを増やしてほしいと思います。先生はそのためにいろんなことを教えます。

でもこれは先生だけが頑張っても駄目なのです。

みんなが努力しないといけないのです。

みんなが挑戦しないといけないのです。

そのために、大事にしてほしいことがあります。

学校は間違えるところだ、ということです。

人類は間違える中で、発展してきました。

電球を発明したエジソン。

エジソンはおよそ一万回の失敗をして、この電球を発明しました。

たくさんの失敗があったから、この教室にあるような電球ができたのです。

だからみんなも何度も挑戦しなさい。

あきらめてはならないのです。

その中でみんなに力が付いていくのです。

二　夢の叶え方「イチロー」

道徳で、夢を叶えた実際の人物を通して話す。

イチローが小学校の卒業文集に書いた夢を語る。

ぼくの夢は一流のプロ野球選手になることです。そのためには、中学、高校で全国大会に出て、活躍しなければなりません。活躍できるようになるには、練習が必要です。ぼくは、そのじしんがあります。ぼくは三歳のときから練習を始めています。三歳〜七歳までは半年位やっていましたが、三年生の時から今までは三六五日中、三六〇日は、はげしい練習をやっています。だから一週間の中、友達と遊べる時間は、五時〜六時間の間です。そんなに、練習をやっているんだから、必ずプロ野球の選手になれると思います。そして、中学、高校でも活躍して高校を卒業してからプロに入団するつもりです。（中略）ぼくが一流の選手になって試合にでれるようになったら、お世話になった人に、招待券をくばって、おうえんしてもらうのも夢の一つです。とにかく一番大きな夢はプロ野球の選手になることです。

なぜ、イチローは夢を叶えられたのですか。

（たくさん練習をして、野球がうまくなったから。努力したから。挑戦し続けたから。あきらめなかったから。）

そうだね。みんなが話してくれたのは、実は先生がはじめてこんなクラスにしたいと語ったことです。またインタビューでその職業をめざしたのはいつからか聞かれてイチローは次のように答えています。

◯◯選手になろうと思ったのは保育園のころだから五、六歳かな。
◯◯がスポーツの中で一番好きだし、かっこいいと思ったから。

◯◯に入る言葉は何ですか。（野球）

努力・挑戦・あきらめない気持ちをもってこの一年を生活していけば、きっと全員が笑顔になることでしょう。

【参考資料】
・TOSSランド No.6948037「黄金の三日間の語り」堂前直人
TOSSランド No.3875731「イチローの授業」坂田幸義

第4章 子どもとの出会いの日

⑤統率力の見せ方

子どもを統率する力は教師の大切な能力
アドバルーンはその都度つぶし、闘いに勝つ

埼玉県川越市立高階小学校　小峯学

子ども集団を統率するには、教師の「責任観念」ぬきにはあり得ない。向山氏は言う。

「読み・書き・算」をしっかり教えることの責任感
一人一人の可能性を伸ばすことの責任感
「いじめ」を許さず「差別」を許さずの責任感
これらのことをぬきに、統率はあり得ないのである。

一　四月最初の頃の子どもたち「赤鉛筆の指導」

四月、最初の授業で教師の統率力が試される。

「赤鉛筆を出しなさい」（事前に準備することを伝えておく）という教師の指示に対し、「赤鉛筆を忘れたので、赤ペンでいいですか？」

という子がいる。その子に対し、あなたはどのように言うだろうか。例えば、「今日は赤ペンでいいですが、明日は赤鉛筆を持ってきなさい」と言う。これは良いのか駄目なのか。駄目だとしたらどこが駄目なのか。

「今日は赤ペンでいいですが……」と反応しては駄目なのだ。それだけでクラスは崩れていく。

子どもたちは次々と質問してくる。ほとんど「～していいですか」という質問だ。

教師がきちんとルールやシステムを持っていないとガタガタになる。

教師が、「それは駄目です」と言うと「前の先生はいいって言いました」と言ってくる。全国どこの教室にもあることだ。子どもたちのアドバルーンである。

「この教師はどこまで大丈夫か」と試しているのである。

そんな大切な四月の最初に「今日はいいです」なんて言ったら、たちまちクラスは崩れて騒乱状態になる。

「先生は赤鉛筆と言いました。なければ貸してあげます」

と笑顔で毅然と言えばよい。

二　アドバルーンはその都度つぶし、「闘い」に勝つ

四月、子どもたちのアドバルーンが様々な場面で見られる。始業式の担任発表後、

「〇〇先生がよかったなぁ」「きも（い）っ」と担任に向かって言う。「今、何と言いましたか。先生に対して失礼です」

呼名し、「はいと短く返事をすること」と指示しても、「ふぁ〜〜い」という返事をする。それに対し、「短く言いなさい」「はい、はい、はい」という男の子。ここで負けては駄目だ。「短く言いなさい」と毅然と対応する。できたら「よしっ」と短くほめる。「闘い」に勝つのだ。

三　「子どもを動かす法則」とは

子どもがバラバラになり、教室が騒然となった原因は教師にある。それを自覚しない教師は多い。

「子どもを動かす法則」は何か。向山氏は言う。

「子どもを動かす法則」

最後の行動まで示してから、子どもを動かせ。

子どもを動かす秘訣は、これに尽きる。

「最後までどうやっていくか」ということがわからないから、子どもは場当たり的に行動するのである。

最後の行動まで示すのは、その集団の長の責任である。つまり学級では教師の責任なのである。

補則は全部で五つある。

五つの補則

①何をするのか端的に説明せよ。
②どれだけやるのか具体的に示せ。
③終わったら何をするのか指示せよ。
④質問は一通り説明してから受けよ。
⑤個別の場面はとりあげてほめよ。

話が長い教師の教室は荒れる。発達障がいの子の多くは、ワーキングメモリ（短期記憶）が一つに集中する。三つも四つも言うと、何を言っているのか分からないのだ。

優秀な教師の話は短い。例外はない。

同じことだが、「時間を守らない」教師も、技量は低い。「時間を守る」というのは、集団行動では基本のことである。それさえできないのなら、他のことは、すべて駄目と考えられる。時間を守る、話が短い、これは子どもを統率していくのに、極めて大切な能力である。

教師として常に心掛けなければならないことである。

【引用文献】
『教え方のプロ・向山洋一全集3　荒れたクラスと教師の統率力』
「教室ツーウェイ」二〇〇九年六月号　巻頭論文
（いずれも、明治図書）

第4章 子どもとの出会いの日

⑥やんちゃ君のアドバルーンへの対応
ルールの徹底で教師の統率力を高める

千葉県栄町立安食小学校　小林正快

一　徹底させることで生まれる統率力

やんちゃ君は統率力がある教師にはアドバルーンを上げない。それは、やんちゃ君がその教師にはかなわないと思っているからである。

やんちゃ君は自分より強いと認めた人には素直に従う。

統率力を持つためには、徹底する場所を決めて闘うことが大切である。

二　勝負は黄金の三日間

黄金の三日間に全精力を捧げ、覚悟をもって準備をする。

学級崩壊だったクラスも、この三日間で立て直すことができる。その三日間に学級のルールを教える。

学級のルールを教えるということは、全体がそのルールを理解しているということである。

一人でもルールを理解していない子がいてはいけない。

学級のルールを全員に理解させる。

このことが抜けている状態で、やんちゃ君のアドバルーンは潰せない。

しかし、ルールを全員に理解させたと思っていても、やんちゃ君はルールを忘れてしまうことがある。

やんちゃ君がルールを忘れた時に指導しても「俺は知らなかった！」と逆ギレされる時がある。

それでは、教師とやんちゃ君の関係も悪くなってしまう。

そのため、学級でルールを教えたあとに、全員にルールが伝わったのか確認することが大切である。

となり同士でルールを言いなさい。確認できたら座りなさい。

簡単に確認を行うことで、アドバルーンを潰せる。

三　指導のポイント

子どもたちを指導していく中で重要なことは二点。

減らしたい行動は無視。

減らしたい行動は他の子の迷惑にならない行動である。

やってはいけない行動を短く叱る。

短くがポイントである。だらだらと叱ってはいけない。

四　ゆずらない

やんちゃ君は黄金の三日間で様々な要求をしてくる。

クラスのルールでやってはいけないと決めたのにもかかわらず、要求してくるのだ。例えば、赤鉛筆を持ってこず、ボールペンを持ってきていいかと聞いてくる。

「赤鉛筆が家にないので、赤ペンでもいいですか。」 「ダメです。赤鉛筆を使います。」

このように短く言えばいい。

それでも、家にないから持ってこられない、お母さんが赤鉛筆を買ってくれないと言う子がいる。

そのような時も、毅然としてこのように言えばよい。

「わかりました。電話をしてお母さんに言ってあげます。」

ほとんどの子どもはこれで引き下がる。

教師が言ったことは必ず守らせることで、統率力がうまれ、やんちゃ君も指示を聞くようになってくる。

五　筆箱チェック

筆箱は子どもの様子が顕著に表れるものである。

事前に筆箱の中身を決めて子どもたちに教えておく。

(例) 鉛筆五本（2B〜6B）赤鉛筆二本（赤青鉛筆可） 消しゴム一個　ミニ定規（十㎝〜十五㎝） (キャラクターでないもの　ストラップなど付けない)

チェックする項目は二点である。

一　必要なものが入っている 二　余計なものが入っていない

高学年ならばシャープペンシルを持ってくる子がいる。持ってきてはいけないと言い、明日もチェックすることを伝える。そして、約束通り次の日にもチェックする。

筆箱チェックはルールを守らせることだけでなく、ストレスなく授業を受けることができ、道具の貸し借りによるトラブルもなくせる。

ルールを守らせることで教師の統率力がさらに高まる。

第4章 子どもとの出会いの日

⑦朝と帰りのあいさつ
時間をかけないことが大切

千葉県栄町立安食小学校　小林正快

一　朝の会はできるだけ短く

朝の会が長引き、一時間目までにかかってしまう人もいるが、そこまで時間をかけなくてもよい。とにかく時間を短くすることを考える。

私の学級の場合、朝の会のメニューは四つである。

1　あいさつ
2　健康観察
3　係からの連絡
4　先生の話

四つあるが、一つほんの数秒で終わる。

あいさつは立って、気をつけ、礼で十秒。

健康観察では、全員立っているので「元気な人はすわりなさい。」と言って、立っている子どもだけ体調を聞けばよい。

係からの連絡は名札、ハンカチ、ティッシュの確認をする。一分前後で終わる。

最後の教師の話は、今日の連絡程度でよい。

早い時は三分以内に終えることができる。

また、朝の会に必ずやらなくてはならないことが学校ごとに決まっている所もある。

例えば「今月の歌」「今日のめあて」である。

このような点も余計なことを言わなければすぐに終わる。

また歌の場合は一番だけにすれば時間短縮である。

残りの時間は次のことをする。

1　「五色百人一首」
2　「名句百選かるた」

短くする理由は朝から楽しい活動をするためである。

「五色百人一首」や「名句百選かるた」は三～五分程度で一試合できる。上手くいけば二試合できる。

毎日やり続けることで、子どもたちは教師の指示を聞くようになり、授業も安定する。

二　帰りの会は二分以内でできる

帰りの会は朝の会よりも短い。行うことは次の三点である。

1　係からの連絡
2　先生の話
3　あいさつ

健康観察がなくなり、さらに早くなる。係からの連絡は、落とし物係の落とし物チェックぐらいである。

そして、帰りのあいさつをする。

しかし、あいさつをしても、早く帰らない子がいる。早く帰らないと素早く仕事に取り掛かることができない。そのため、帰りのあいさつをする前に、次のことをする。

ランドセルを背負って、荷物を持つ

日直以外そのまま、出口に向かわせる。

だらだらすることなく、早く帰すことができる。

三　帰りの会を授業が終わった瞬間にはじめる

帰りの会の準備をしてから帰すのではなく、授業が終わった瞬間にはじめる。

塾や遊びの予定があり、早く帰りたい子がとても喜ぶ。

少し担任と話をしたい子もいる。そのような子の話を聞く時間も確保することができる。

帰りの前の授業が体育など移動教室であるならこのようにする。

1　帰りの準備を済ませて移動する
2　移動教室の場所で帰りの会をする

子どもたちにとても好評である。

四　翌日の連絡は朝のうちに書かせる

連絡を連絡帳に書かせるのは朝の会が始まる前である。

前日、黒板に次の日の連絡を書いてから、教室を出る。

子どもたちが学校に来たら、黒板に連絡が書かれているので、その連絡を書いてから朝の遊びに出かけてよいことにする。

朝、連絡帳を書かせることの利点は四つある。

1　連絡帳を書く時間を設けなくてよい
2　保護者からの連絡を忘れずに見ることができる
3　連絡帳をチェックする時間がある
4　朝やることがわかるので安定する

このことで、朝からスムーズに過ごすことができる。

【五色百人一首・名句百選かるたの問い合わせ】
東京教育技術研究所　http://www.tiotoss.jp/

⑧朝の健康観察の仕方
付加価値をつけて行う健康観察

千葉県栄町立安食小学校　小林正快

一　健康観察の目的

健康観察の目的は次の三つである。

①子どもの心身の健康問題の早期発見・早期対応を図る。
②感染症や食中毒などの集団発生状況を把握し、感染の拡大防止や予防を図る。
③日々の継続的な実施によって、子どもに自他の健康に興味・関心をもたせ、自己管理能力の育成を図る。
文部科学省『教職員のための子どもの健康観察の方法と問題への対応』

健康観察は朝だけのものではない。
学校生活のありとあらゆる時間に行うのである。
その健康観察の中でもとりわけ大事だとされるのが、朝の健康観察である。

そして、時間をかけずにこれらの目的が達成するように行うことが大切である。

二　新年度開始時

新年度、新しいクラスの健康観察では、一人一人の名前を呼ぶ。

こうすることで、教師が子どもの名前と顔を一致することができるようになる。

子どもたちには新しい担任から名前を呼ばれたいと思っている子が多い。

子どもたちの名前を呼ぶことは、子どもたちとの信頼関係を築く第一歩である。

三　通常の健康観察

五月になると、子どもたちの名前と顔が一致する。
そこで、健康観察の時間を短くすることもできる。
私のクラスでは、あいさつが終わると健康観察をする。

元気な人は座りなさい。

すると、元気な子は座り、体調が悪い子が残る。
体調が悪い子は、自分の体調を伝えてから座る。
時間にして、一分以内で行うことができる。
子どもたちの名前を呼ぶことはないので、時間の短縮になるのだ。

時間をとらず、子どもたちの体調の様子を確認することができる。

四　一年生の健康観察

一年生の健康観察は、自分の体調を自己申告するやり方は難しい。

低学年は、自分の体調がよくわからない子がいるからである。

やはり、一人一人名前を呼び、様子を見るのが適している。

向山洋一氏は入学式の呼びかけで、教師の名前を呼ばせている。

健康観察もそのようにすることで、教師と子どもとの信頼関係を構築することができる。

> 今から健康観察をします。名前を呼びます。元気なら「はい。元気です。〇〇先生」と言います。風邪で具合が悪いなら「はい。風邪気味です。〇〇先生」と答えて下さい。

このように、子どもたちに説明をする。

やり方が分からなければ、実際にやってみせればよい。

> 「今から健康観察をします。◇◇君。」「はい。元気です。〇〇先生。」「はい。」
> 「△△さん。」
> 「はい。風邪気味です。〇〇先生。」「はい。」

子どもたちにも、担任名を呼ばせ、担任は返事をする。

子どもとの毎日の呼び合いで、和やかなスタートを切ることができる。

五　卒業間近の健康観察で返事の練習

卒業式に向けて返事の練習を健康観察の時に取り入れる。

卒業式と同じように一人一人名前を呼び、本番と同じような返事をさせる。

そして、個別評定をする。得点をつけるのである。

> 「佐藤太郎！」
> 「はい！」
> 「九点」

と健康観察と卒業式に向けての心構え、返事の練習が一緒にできるのである。

また、体調が悪い時には、返事の後に状態を伝えるようにさせる。

⑨朝の会、帰りの会は短く
向山氏の帰りの会は三十秒程度

愛知県一宮市立大志小学校　堀達也

向山洋一氏は、朝の会、帰りの会について次のように述べている。

> 私の帰りの会は、三十秒程度です。連絡事項があったら、給食その他でやっておけばよいのです。
> 朝はやります。必要な連絡事項を明確に述べます。本日の予定や本日伝えなくてはならないことなど、一分から一分半くらいの時間です。
> （『学級づくり―集団への対応ＱＡ事典』Ｐ37）

つまり、朝の会、帰りの会の時間は短く行い、次の活動に入ることが大切である。学校の事情などにより、朝の会や帰りの会で行うことが統一されていることもあろう。それでもテンポよく次々に行うのである。私が行っている朝の会、帰りの会を紹介する。

一　朝の会

朝の会のメニューは、左記の通りである。一つ一つの活動を紹介する。

（1）朝のあいさつ

朝の帯タイムが終わったら、すぐに号令をかける。「すぐに」というのは、チャイムと同時がよい。朝礼や集会があった場合も教室へもどったらすぐに号令をかける。号令をかけるのは、誰かを決めておく。「日直」でもいいし、「当番」でもいい。起立させ、姿勢を正させることで、気持ちを切り替えさせる。最初のうちは、「手は横」など教師が姿勢をテンポよく教える。

（2）暗唱を二つか三つ

あいさつの後、着席せずに暗唱を行う。日直が、「今日の暗唱。○○をします。さん、はい」と声をかける。短い時間で次々にテンポよく、声を出すことができるので、行っている。

（3）健康観察

担任が一人一人名前を呼んで、子どもたちに答えさせていく方法もある。教師と子どもたちの関係を作るには、いい方法である。私は、「時間を守ること」「朝のリズムを崩さない」ことを優先し、次のようにしている。

①元気な人は、座ってください。
②（立っている人に向けて）「○○くん」→（○○くん）「かぜです」などと答える。
③今日、隣の人が欠席の人は手を挙げてください。
④今日、体育を見学する人はいますか。（薬を持ってきている人も聞く）

(4) 今日の連絡

当番の子どもに今日の時間割や予定を学級全体に伝えさせる活動を入れている。背面黒板に、今日の予定が書かれている。それを確認する。教育相談や個人懇談会期間などで短縮授業の場合、時間を確認させるためである。

(5) 先生の話

配布物を配り、配布物の説明をしたり、翌日の連絡をしたりしている。簡潔に話すように心がける。朝礼や集会の時間が延長して一時間目に入ってしまう場合は、教師の話を後回しにして、すぐに授業に入るようにする。

こうした朝の会のメニューを五分以内で終えるようにしている。朝の会を短くすることで、子どもたちの気持ちを一気に授業モードに切り替えることができる。

二　帰りの会

私は、基本的に行っていない。すぐに「さようなら」のあいさつをする。ただし、学校によっては、他の学級の帰りの会が長引いて、運動場で下校を待ち続けることがある。そのため、帰りの時間に、次のような活動を行うこともある。

(1) 当番の仕事、持ち物チェック

一人一役の当番の仕事が終わっているか、日直がチェックする。日直が、やり終えていない仕事を行うことになるとしてある。日直も仕事をやらなかった場合、翌日も日直を行うことになる。

また、その日に持ち帰る荷物を机の上に置いてあるか、点検当番がチェックする。もし、持ち帰っていない荷物があったら、その子の家まで、当番が届けるというシステムにしてある。

(2) 歌や暗唱、ふれあい囲碁、チャレランなど

一日を明るく終えられれば、子どもたちは、翌日も学校へ来るのが楽しみになる。歌ったり、暗唱を行ったりすることで活気が出る。また、ふれあい囲碁やチャレランなどの楽しいゲームを行うのもよい。

朝の会や帰りの会の時間を短くするためには、誰が何を行うのかを明確にし、テンポよく行うことが大切である。先のことを見通して準備しておくことを心がけたい。

第4章 子どもとの出会いの日

⑩休み時間は子どもと遊べ
教師自身がまず遊びのプロとなる

埼玉県狭山市立柏原小学校　栗原龍太

休み時間には、次の授業の準備や保護者への連絡、宿題の処理等、様々な仕事がある。しかし、子どもたちは明るく元気な先生が大好きだ。子どもと遊ぶことの価値は高い。休み時間に子どもと遊ぶと次のような効果がある。

①やんちゃ君を統率できるようになる
②クラス全員が、外遊びが大好きになる
③仲のよいすばらしいクラスになる

そのために次のようなことに取り組むとよい。

一　ジャングルジムまで競争
二　子どもと同じ下駄箱を使う
三　教師自身がまず遊びのプロとなる

一　ジャングルジムまで競争

授業に必ず遅れてくる。そして授業が終わると飛ぶように外へ遊びに行く。どんなクラスにもいるやんちゃ君である。授業に遅れないようにと、叱っても駄目だ。教師がガキ大将になればいい。教師が遊びでも子どもたちを統率することで、学級は伸び伸びし、明るくなる。新卒時代、続けていたことがある。授業が終わった瞬間に、ジャングルジムの頂上まで競争するのだ。次のように言う。

ジャングルジムの上まで競争します。よーい、ドン。

これだけである。子どもたちは目を輝かせる。

校庭へ向かう廊下や下駄箱はトラブルが多い。そこで子どもたちと同じ廊下を通り、同じ下駄箱から外に出る。同じルートから校庭へ行くことでトラブルは激減する。下駄箱を出たら全速力で走る。教師の全力疾走を子どもたちに見せることは重要なことだ。先生の走っている姿を見て、走る楽しさを知る子も多い。だれよりも速く、ジャングルジムのてっぺんに登る。そこで子どもたちを待つ。子どもたちが次々と登ってくる。教師が応援していれば、早く登ってくるやんちゃ君も応援をするのだ。教師と一緒だからこそ、やんちゃ君も応援する。外遊びをあまりしないおとなしい子も外で駆けてくる。

二　子どもと同じ下駄箱を使う。

下駄箱は子どもたちの鏡であるとも言われる。教師が子どもと同じ下駄箱を使うことで、靴のかかとがそろっている子どもたちを把握し、教室でほめることができる。下駄箱を頻繁に確認することで、靴隠しなどの深刻な問題を防ぐことができる。教師が同じ下駄箱を使うという事だけでも、いたずらに対する抑止力になるのだ。物隠しを防ぐことは、クラスの安定につながる。また、下駄箱を見れば、誰が外にいて、誰が校舎内にいるのか一目でわかる。校舎内にいる子は往々にして外遊びを好んでいない。次の日に、教師から声をかけ、一緒に外で遊べば、外遊びが好きになるチャンスが増える。いたずらは校舎内で起こる。校庭で元気よく遊ぶことは、子どもたちの心も明るくしていく。

三　教師は遊びのプロとなれ

クラス全員が、外遊びが大好きになるためには、まず、教師が、遊びのプロになることが近道だ。クラスレク等で使える遊びを、隙間時間に子どもたちに教えておく。そのことで、休み時間もクラスで遊びたいという声が次々と上がってくるはずだ。おすすめの遊びを紹介する。

①男女手つなぎ鬼

男子と女子の二人組が鬼をする。タッチされたら、男女交互になるように手をつなぎ三人組の鬼となる。四人組になったら、男女二人組の鬼に分裂する。

②ばなな鬼

オニにタッチされたら、バナナになる。両手を上げてバナナの皮をつくる。味方に二回タッチしてもらうと、二枚皮がむけ、復活できる。

③男女ドッジボール

男女対抗のドッジボール。男子はもちろん本気で投げていい。しかし、コートの広さは、男子が圧倒的に狭い。ボールは柔らかいソフトバレーボールを用いる。あたっても痛くないことが重要だ。途中からボールの個数を増やす。

④なわとび、鉄棒

休み時間に、なわとびや鉄棒、一輪車等、できないことに挑戦したいと思っている子どもたちは多い。そこで、教師が一緒に校庭に出ていることが極めて大切だ。

できるようになった技などは、教室にもどってからみんなに紹介する。クラスみんなの前で披露できたら最高だ。

こうして、やんちゃ君を統率し、クラス全員が、外遊びが好きになり、仲の良い素晴らしいクラスになる。

【参考資料】

ＴＯＳＳランドNo.1214216「鬼ごっこ　分裂手つなぎ鬼」福山義則

⑪ケンカ・トラブルへの対処の仕方
初期段階の発見と、初期対応、そして「ケンカ両成敗」

三重県四日市市立中部西小学校　中野慎也

一　向山洋一氏の一年生の実践に学ぶ

向山洋一氏の著作『教師であることを怖れつつ』（明治図書）は向山実践一年生の記録である。その中にケンカ・トラブルの解決の方法の大原則がある。まずは、いじめの対応について引用する。

> 一年生でもいじめはある。私は「いじめ」「馬鹿にする」という行為は原則として、どんなささいなことでも見過ごしにはしない。（前掲書P．76）

この文章から考えると、特に、いじめにつながるような子どもたちのトラブルに対しては、

> 初期段階を見逃さない

ことが大切である。

子どもたちとの出会いの日、例えば、机をほんの少しでも隣の子と離されている子はいないか、ある子が配ったプリントなどの配布物を、まるで汚いもののように扱っている子はいないか等のサインを、教師は見逃してはならない。前年度からの引き継ぎで、いじめがあったり、避けられている子がいたりする情報があった場合は、その兆候を見逃さないように注意する。黄金の三日間の段階なら、まだ何とかなる場合が多い。さらに、向山氏は、

> いたずらをした子は、そばに呼んで事情を聞き、短く叱る。叱る言葉は一言程度、「もうしてはいけませんよ」くらいである。（前掲書P．76）

と述べている。この文章から、トラブルに対しては初期対応が大切であることが分かる。初期に発見した場合、特にそれが黄金の三日間であった場合は、事情を聞き、一言叱るだけで済む場合が多いのである。機を逸してしまうと、問題は複雑化し、指導も入らなくなってしまうことがある。

私の経験を述べる。少し重い事例である。高学年を担任した四月、ある子が配ったプリントをまるで汚いもののように扱った子を見つけた。現行犯である。そばに呼んで話

を聞くと、前年の学級で、その子が触ったモノをみんなで避けてきたのだという。その子の名前をつけた「○○菌」という言葉が裏でひろがっていた。私は、全員にこのことを話し、今まで少しでも「○○菌」に関わった子を立たせた。何と、学級の三分の二以上の子が関わっていた。私は関わっていた子全員に原稿用紙を配り、「○○菌という菌があるのならば、それはどのような菌なのか、感染すると、どうなるのか書きなさい。事と次第によっては、皆さんのおうちの人や、校長先生にも集まっていただいてきちんと話をしなければなりません。正確に書いてください。」という指示を出した。教室は静まりかえった。しばらくして一人の子が原稿用紙を持ってきた。そこには「もう二度と、こんな馬鹿な真似はしません……。」という旨の文章が書かれていた。反省文である。私は声を荒らげずに、「これは反省文ですね。先生がお願いしたものとは違います。もう一度真剣に書きなさい」と言ってその作文を受け付けずに、新しい原稿用紙を渡した。作文を書いた子はその場に泣き崩れた。作文を書いている途中の子たちも、自分たちの席で泣き崩れた。そして、

> もう、こんな馬鹿なことは二度としてはいけませんよ。

と言って終わった。その日から、「○○菌」という言葉はなくなった。黄金の三日間だからこそ、この程度の対応で済んだ。（谷和樹氏の実践の部分追試）

二　ケンカ両成敗

いじめにつながるようなトラブルと、ケンカは少し違う。

> 「けんか」をした時、最初に「手を出した人間」だけを叱ると、必ずしこりが残る。～（中略）～両方を叱った上で、悪い方をもう一言付け加えればよい。これで両方納得するのである。（前掲書P．76）

もちろん、向山実践は「叱る教育」ではない。叱るといっても短く、一言程度である。ここでの原則は、

> 両方を注意した上で、先に手を出した方に、もう一言付け加える

ことである。ケンカを仕掛けた方も、それなりの事情がある。やはり、そこは平等に注意をしておく必要がある。そして、仕掛けた分、手を出した分については、もう一言注意することによって、双方を納得させるのが原則である。

⑫ケガ・病気への対応
対応は早さと順番が大切
子ども、保護者との信頼関係を生む

埼玉県狭山市立柏原小学校　栗原龍太

学級では様々な問題が起こる。これは起こって当たり前であり、その後にどう対応するかが大切である。

原則
1　首より上のケガは、必ず保護者に連絡をする
2　早退、欠席は子どもの家に電話を入れる。
3　二日以上休んだ子には、子どもと話をする。

対応は、早さと順番が大切だ。対応が早く、順番が適切であれば、子どもや保護者との信頼が一層強いものになる。対応が遅く、順番が不適切であれば、子どもや保護者との信頼が崩れ、不信感が一気に高まる。

一　失敗例

二時間目の休み時間に、手首が痛いと訴えてきた子がいた。様子を見ようと伝え、三時間目の授業を行った。その後何も訴えがなく、その子は下校した。放課後、保護者から電話があった。「手首を痛めて帰ってきたのですが、学校ではどのように対応してくださったのですか。」

二　保護者への連絡は極めて大切だ

前述した例では、第一に保健室で見てもらうこと、第二に放課後にすぐに、保護者に連絡を入れることが重要であった。保護者への連絡は次のことを念頭に置きたい。

①ケガの様子を伝える（本人の様子）
②病院の確認をする（かかりつけの病院など）
③来てくれるのかの確認をする（病院へ、または学校へ）

このような場合を想定し、緊急時の連絡先等の確認をしておく。小さなケガでも、養護教諭に見てもらい、連絡をしておく。事前に連絡をもらっているのと、子どもが帰ってきてからケガに気付くのとでは、雲泥の差だ。事前に連絡をすることで、保護者も安心する。早退のお迎えに来ていただいた際は、校長、担任、養護教諭の三人で対応する。保護者は必ず感謝してくださる。放課後もう一度、電話をする。多くの場合、「学校の丁寧な対応に感謝いたします。校長先生によろしくお伝えください。」といってくださる。丁寧な上にも丁寧に対応しなければならない。大切なお子さんをお預かりしているのが私たちなのである。

三　その子への対応

休み時間に擦り傷をしたとする。水洗いをし、保健室で養護の先生に消毒をしてもらう。可能な限り、担任が付き

添う。先生が一緒にいてくれたという安心感は大きな信頼関係を生む。養護の先生と二人で対応する。また、授業中などに、一人で保健室に行くときは、必ず担任の許可を取らせるようにする。担任と養護教諭が情報を共有しておくことが、危機管理になる。早退、通院が必要な場合は、校長、学年主任にすぐに連絡しておく。これも危機管理だ。あとで問い合わせが学校にあった際、校長が知らなかったという事では話にならない。

四　他の子への対応

休み時間中のケガでも、すでに授業が始まってしまってから対応する場合は多い。その場合は、他の子へ自習課題を出さなければならない。教師がいない教室で子どもたちを野放しにしていれば新たなケガや問題が発生してしまう可能性が高い。一言の指示で、子どもたちが行えるような自習課題を用意することが大切だ。「お手本くん」や、「写しまるくん」等を用意しておき、配るだけでできるようにしておく。他の子が落ち着いて自習していれば、ケガをした子へ時間のゆとりをもって対応ができるのだ。また、校長、学年主任に連絡しておくことで、学級に自習監督が来てくれることもある。

五　お休みの子の連絡カード

学校を休んだ時や早退した時、今日はどんな勉強をしたのか、どんな出来事があったのか、気になるものである。そこで、学校の様子を連絡カードに書き、お休みの子へ連絡帳と共に届けるようにする。二日以上休んだ場合は本人に会いに行く。担任としてできることは本人の顔を見に行くことだ。

六　保健セット

ケガでも、保健室に行くほどでないものもある。ちょっとした対応で安心し、具合が良くなることもある。このような時のために保健セットを用意する。保健室から各クラスに配られていることが多い。嘔吐したときのために、教室におがくずを置いておくといい。汚物におがくずをかけ、おがくずと一緒にまとめて捨てると早く処理できる。

七　「報・連・相」が重要

首から上の事故やケガの時は、自分で判断せずに養護教諭と管理職に必ず報告・相談・連絡し、病院で診てもらうようにする。病院で診てもらうか、病院に連れて行ってもらうかで、保護者との信頼関係を左右することになる。対応は早さと順番が大切である。丁寧な対応が子ども、保護者との信頼関係を生む。

⑬子どもの提出物の出させ方

誰が出していないのかを把握し、その場で確認できるものは、後回しにしない

埼玉県三芳町立三芳小学校　鈴木裕美

始業式当日は提出物が多い。慌てないで一日のスタートをきるために、どのように提出物を出させるか、システムを確認しておきたい。

一　誰が出して　誰が出していないのかを把握する

原則　出席番号順に集める

この原則で集めると、未提出の子どもをすぐ把握でき、次の手が打ちやすくなる。出席番号順に集める手順は、次のようである。

①全ての提出物は、まだ机の中に入れておくよう指示をする。（黒板に書いておく）

（始業式があるため、始業式前に集めると混乱する）

②黒板に提出する順番を書く。

③自分の机の上に、提出物を示された順番で置くよう指示をする。

〈例〉1　通知表　2　保健調査票　3　雑巾　等

④提出の仕方の説明をする。

「この順番で出していきます。一番の人から通知表を持っていらっしゃい。」

「出したら、今度は二番目の保健調査票を持って並びます。その繰り返しです。」

⑤忘れた子の対応の仕方

「忘れてしまった人も並びます。自分の番になったら、『先生、忘れました』と言うのです。席に戻ったら連絡帳に、忘れたものを書いておきなさい。」

⑥教室は一方通行にする。

⑦忘れた子は、名簿にチェックして「明日持ってくるんだよ」と伝える。

通知表で押印がない子は、押してもらうように伝える。

⑧全部忘れずに持ってこられた子をほめる。

「全部提出できた人は立ちなさい。忘れ物をしなかったのは準備がしっかりできている証拠です。大変立派です。」

忘れ物をした子には、「一つでも忘れた人　立ちなさい。」

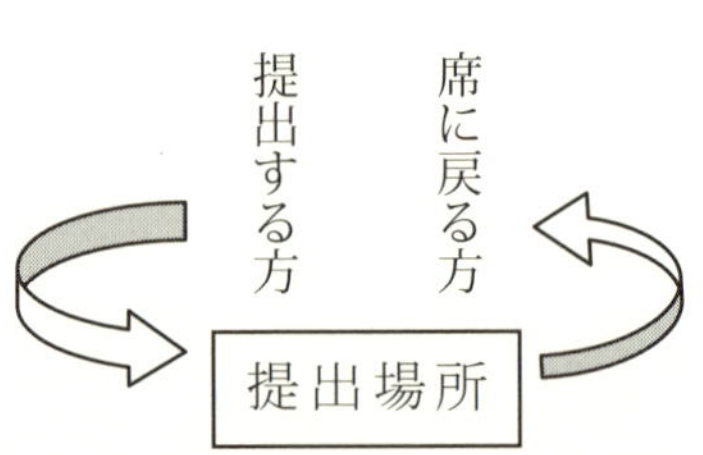

明日必ず持ってこようと決意できる人は『明日持ってきます』と言って座ります。」全員座ったら「忘れても、決意できる人は向上心のある人です。そんな人もとても立派です。」とほめる。

二　その場で確認できるものは、後回しにしない

二学期の始業式は、夏休みの課題の提出がある。①夏休みの絵日記、②サマーワークなどの宿題、③絵画、工作などの作品、三点の扱い方を紹介する。

原則　その場で評価・その場主義

①夏休みの絵日記

数枚書いたものから一枚だけお気に入りを選ばせる（掲示用）。その他の絵日記は花丸をつけてその場で返却する。掲示用には、コメントをつけて掲示する。

②サマーワーク

保護者が丸付けをしているか、全部問題をやっているか確認して、はんこか合格シールを貼って返却する。

③絵画・工作などの作品

向山実践の追試をおすすめする。ピンクの画用紙を四等分した一つ分の大きさの作品カードを用意する。

作品を発表する機会を設ける。発表の仕方を教える。

1　自分の名前と、何を作ったのかを紹介する。

2　一番見てほしいところを紹介する。

発表している間に、用意したピンクの紙にコメントを書く。赤サインペン（太字）が良い。

発表が終わった後に、先生のところに来るよう指示しておき、そのコメントを貼らせる。

【コメントを書くポイント】
名前を入れる。
呼びかけるように書く。
ほめ言葉を入れる。
本人が発表したように書く。

〈例〉「ぼくは、くじらの貯金箱をつくりました。くじらの形そっくりになりました。」

先生のコメント

「○○君　くじらの形そっくりな貯金箱になりましたね。今にも泳ぎだしそうです。」

【参考文献】
「若い教師へのメッセージ1　今だから知りたい教師の仕事術」奥清二郎・TOSSなみはや
「夏休み明けの宿題処理・事務処理の工夫術」TOSSお江戸87の会・中村さや香

⑭ 筆箱の中身は学習の第一歩

筆箱の中身をそろえさせることは学級崩壊を防ぐ上で欠かせない

愛知県一宮市立丹陽小学校　平井哲也

学習用具をきちんと準備させることは、学級の子どもたちに安定した学習をもたらす。そのために、筆箱の中身をそろえさせる。これは、学級崩壊を防ぐ上で欠かすことができない。筆箱の中身について、黄金の三日間のうちに指導しておくことが大切である。

一　筆箱の中身

黄金の三日間で、私は、持ち物について「学習に必要のないものは、学校には持ってこない」と話す。そうしたこともふまえ、筆箱の中身を次のようにさせている。

けずった鉛筆（Bか2B）	5本
けずった赤鉛筆（赤青鉛筆でもよい）	1本
四角い白色の消しゴム	1個
ネームペン	1本
ミニ定規（10～15㎝）	1本

また、学習用具を忘れた子に、教師は、学習用具を貸し出す。そのため、次の物を用意しておくとよい。

2Bの鉛筆	1ダース
4Bの鉛筆（筆圧の弱い子用）	1ダース
赤鉛筆	1ダース
青鉛筆	1ダース
四角くて白い消しゴム	10個
ネームペン	10本
ミニ定規（10～15㎝）	10本

二　筆箱の中身についての趣意説明

四月の始業式後、教室で筆箱の中身について話をすると、必ずと言っていいほど次のような声が上がる。

「どうしてシャープペンはいけないのですか。」

「色付きの消しゴムを使わせてください。」

これらは、「教師の言うことを聞きたくない」という意識の表れである。たかが子どもの持ち物であるが、学級を統率する教師の覚悟や腕が試されているのだ。一つの持ち物について譲ると、そこからどんどん別の物を持ってきて取り返しがつかなくなる。持ち物について指示を出したなら、決して譲ってはならない。

鉛筆は、次のように趣意説明をする。

> シャープペンは芯が細いので、力を入れて書くとすぐに芯が折れます。しっかりとした字が書けません。

> 折れた芯の行き先が気になったり、折れたときにノートについた跡が気になったりもします。新しく芯を出すために「カチカチ」と押さなくてはなりません。集中が途切れます。
>
> シャープペンは分解できます。お勉強ができない子ほど分解することが多いようです。分解している間、授業に集中できると思いますか。できませんね。
>
> 鉛筆は芯が太いので、なかなか折れません。指先に力を入れて、とめ、はね、はらいのしっかりした字を書くことができます。授業中、集中し続けることができます。
>
> 指先は第二の脳と呼ばれています。鉛筆で濃くはっきりと力を入れて書いたり、書きやすい部分を探して鉛筆を回したりすることで、脳が鍛えられるのです。今が一番いい時期です。
>
> しっかりとした字を書き、落ち着いてお勉強するためにも、鉛筆を使いましょう。

赤鉛筆は、赤ボールペンと違い、色塗りをしたり、色の濃さを調節したりすることができる。また、赤ボールペンは、ペン先にインクがたまり、ノートが汚れてしまう。分解して遊ぶ子もいる。

消しゴムについては、「色やにおいをつけるにはお金がかかり、同じ値段で売るために、素材の質を悪くしている」ということを話すことも必要である。

趣意説明をしても食い下がってくる子には相手をしない。「だめです。」と毅然と言い、貸し出し用の物を渡してやればよい。

三　同僚や保護者の理解を得る

最もよいのが、筆箱の中身について職員会議で提案し、学校全体のきまりとすることである。そして、筆箱の中身についてのプリントを作っておき、新学期が始まったら子どもたち全員に配布するのだ。

また、学年通信や学級通信、保護者会の資料でも筆箱の中身について触れておき、保護者にも協力をお願いするとよい。子どもたちが落ち着いて学習し、力をつけさせるためにも、まずは筆箱の中身をそろえることである。

【参考資料】

「教室ツーウェイ」二〇〇七年四月号・二〇〇九年四月号・二〇一一年四月号、「学級経営・統率力」二〇一二年四月号、「あなたの教室にＣＤ－ＲＯＭで届く！〝プロ教師のスキル〟1　河田式テンプレート・学級経営編」（すべて明治図書）

⑮先輩教師の「黄金の三日間日記」

出会いは楽しく、期待感をもたせ、緊張感で統率者としての威厳を示す

愛知県名古屋市立楠小学校　堂前直人

一　出会い一日目　クラスの方針を確定する

(1) 始業式

校長先生から担任発表。「四年四組、堂前直人先生」元気よく、返事をする。

「よっしゃあ」「やったあ」子どもたちのガッツポーズと歓声が次々と目に飛び込んでくる。

子どもたちの前に立つ。一人一人に笑顔で目を合わせていく。うれしくもあり、同時に重い責任も背負った瞬間だ。

「この子どもたちの笑顔を消してはいけない。子どもたちの期待に応えられる自分でいよう」と誓いを立てる。

始業式からの帰り道、子どもたちと共に新しい教科書を取りにいく。

> ほめるきっかけになるので、ほめたい子を中心に動かす。

(2) 自己紹介と子どもたちからの挑戦状

教室に戻り、元気にあいさつする。そして自己紹介。

> 「担任になった堂前直人です。他の先生がよかったなあという人がいるかもしれませんが、運が悪かったと思って、諦めてください。一年間、みんなの可能性を少しでも伸ばしていけるように、精一杯努力をします。」

次に子どもたちの名前を呼んでいく。

> 「はい、～先生」と返事をさせるのだが、ふざける子どもがいる。子どもたちは教師を試してきているのだ。

「立ちなさい。」「もういちどいってごらん。」と詰める。返事をやりなおさせる。

呼名が終わり、先生への質問タイム。ため口を利いてきた子へ対応する。

> 「聞き方がよくありません。先生とあなたは友達ではありません。丁寧な言葉をつかいなさい。～ですか？と聞くのです」

出会って数日は、このような子どもたちからの挑戦がよくある。

(3) 方針を語る

姿勢を正させて、一年間の方針を語る。

> みんな絶対に成長させること。そのために、努力してほしいこと。学校は勉強するため、そして、友達と仲良くするためにくること。楽しいクラスにするため

に、先生は二つのときに叱ること。一つが弱いものいじめ。もう一つがわざと他人に迷惑をかける。この二つは、人を不幸にするから、許せない。そして、誰からもいいクラスだと認めてもらえるようなクラスを創ること。

以上のことを子どもたちと誓った。

その後、教科書、プリントを配布し、休み時間とした。

（４）質問は全体の前で回答する

休み時間の間に出てきた質問について、全体の前で回答をする。個別でやるとどこかで相違が出てくる。

手にえんぴつを持っている子がいたので置かせる。

「人の話を聞くときは手にモノを持ちません。モノをもっているうちは、話を聞いているとは言えません」

このように一つずつルールを決めていく。

モノの置き場所も確認する。ランドセル、体操服、絵の具、上履袋。実際に置きにいかせながらやる。

（５）楽しいゲームを通し、方針を確認する

最後は、「一分間じゃんけん」でコミュニケーションをする。一分で何回じゃんけんに勝ったかを競う。

ゲーム終了後、すぐに席に着いた子をほめ、「言われたことを素早くテキパキやれるのがいいんだ」と語る。

次は自分の名前を言ってじゃんけんをする。席に早く着いた子をほめ、男女でやった子を確認する。「いいクラスというのは、男女の仲がいいんだ」と語る。

握手してからじゃんけん。早く席に着いた子、さらに男女でやった子もほめる。

クラスの方針を、活動を通して、具体的にやっていく。

二　二日目　クラスの仕組みを作る

二日目、係や当番を決める。実際に「クラスを動かしていく」仕組みである。掃除のやり方についても、具体的に指導をする。

この日は、「やってみせる　やらせる　ほめる」のサイクルが大切だ。

三　三日目　授業をやりながら、授業の枠組みをつくる

三日目。とにかく「授業」である。ノートの使い方、音読の仕方など、「授業の仕組み、ルール」を確定しながら授業をしていく。

「楽しい授業」をするということを意識したい。

【参考文献】

『教え方のプロ・向山洋一全集4　最初の三日で学級を組織する』（明治図書）

第4章 子どもとの出会いの日

⑯先輩教師の「失敗談」に学ぶ

わからないことは自分で判断せず、他の先生方に尋ねてみる

愛知県名古屋市立楠小学校　堂前直人

現場に出てすぐのころ、たくさんの失敗をした。上手くいったことの三倍くらい、失敗した。そのたびに先輩の先生方に教えてもらった。

実際の「失敗談」と今ならこうするという「対応例」をセットにして、紹介する。

一　画用紙のサイズを間違える

（1）失敗事例

図画工作科の絵を描くときに、画用紙のサイズを間違えてしまった。

図工の時間、絵を描く。画用紙のサイズは通例二種類ある。四つ切と八つ切。どちらを使うのかで、絵の迫力や作品の感じは大きく変化する。

僕は夏休みの思い出を描かせるのに、何も考えず、「八つ切」のもので絵を描かせた。

これが失敗だった。他のクラスは、四つ切で描かせていたのである。

気付いた時にはもう時すでに遅し。学年の先生方に謝罪し、自分のクラスだけ、小さな作品を貼らせていただいた。

（2）今ならこうする

やるまえに、学年主任に確認をする。

「先生、夏休みの思い出の絵なのですが、画用紙の大きさはどの大きさのもので描くとよいでしょうか」と聞けばよかったのだ。

もし、どちらでもよいのならば、「先生はどちらにしますか」とさらに尋ねてみる。とにかく教えてもらうのである。

このような場面はよくある。

「先生、通知表は何時間目に渡すようにしましょうか」、「先生、このプリントは宿題にしても大丈夫ですか」のように質問するようにする。

そうすれば、こうしましょう、と教えてもらえる。

とにかく「自分だけで判断しない」。

迷ったり、わからなかったりしたときは、質問する。

勝手な判断は、ミスにつながる。

二　目のけがを保護者に連絡し忘れる

（1）失敗事例

顔にボールが当たってけがをした際に、保護者に連絡せず、学校に問い合わせがあった。

外でボール運動をしていた。そのとき、ある男の子の目にボールが当たった。すぐにタオルを濡らして患部を冷やさせた。

彼ははじめ、痛みを訴えていたが、次第に痛みがひいてきたようで、活動に戻りたいと言った。

目の見え具合や腫れの具合を見て、活動に戻らせた。もちろんその間の様子は見ていた。無事に活動を終え、そのまま元気に家に帰って行った。

次の日、保護者の方から学校に電話があった。

「うちの子の目が腫れているんですが、学校で一体何があったんですか?」というものだった。

すぐに電話をかけ、理由を話し、謝罪した。幸い大事に至っておらず、なんとかお許しいただけた。

(2) 今ならこうする

> けがの大小にかかわらず、「首から上」のけがは、すぐに保護者に連絡をする。

けがが発生してすぐに、事情を電話する。

「鉄棒で遊んでいて、落ちて頭を打ってしまいました」、「友達とぶつかって、おでこに大きなこぶができています」、「マット運動をしている時に変な風に回ってしまい、首をひねったようです」のようにである。

どのような処理をしたか、現在どのような状態かも話す。

「けがをしてすぐに保健室に行き、冷やしました。今は落ち着いていて、痛みもないようですが、場所が場所なので、もう少し様子を見たいと思います。もし、急に調子が悪くなるようなら、病院に連れて行こうと思います」

また、本人が大丈夫と言っても、運動はさせない。それによって、悪化する可能性もある。

家に帰る際に、もう一度保護者に電話をする。

「学校では大丈夫そうでしたが、お家に帰ってから、気分が悪くなったりするかもしれません。お家で様子を見ていただき、場合によっては病院に連れて行ってあげてください。ご心配をおかけして申し訳ありません。」

しかし、失敗は誰にでもあるものだ。失敗を気にしすぎて落ち込んでいては、他の仕事にも影響してしまう。

同じ失敗をしないように気を付けるようにすることが何よりも大切である。

⑰保護者が喜ぶ学級通信の書き方

二つの情報の書き方を変化させ、授業記録としてファイルしておく

東京都小平市立小平第四小学校　島村雄次郎

学級通信を出す場合、起案を通さなければならない。

東京都の場合は、多いところでは、①起案者、②学年主任、③主幹、④副校長、⑤校長となる。

管理職に起案を通すと安心して学級通信を出せる。

学級通信に児童の名前や写真、作品を掲載するなど細かいことに関しても四月に管理職、学年で確認しておく。

それを最初の学級通信や保護者会でも、保護者に伝える。

学級通信を出すことが決まったら、書く内容である。

書く内容は大きく二つに分けることができる。

①事務連絡等の情報
②学校生活等の情報

年間に何号も発行するのだから、枠やイラスト、あいさつなどは凝らずに、保護者の必要な情報から書き始めればよい。

一　正確に端的に書く

保護者が求めている情報の一つは、事務連絡である。持ち物など事前に準備が必要なものは、学年便りだけではなく、学級通信でも伝えておくと保護者や子どもにやさしい。

こうした内容は、正確に端的に書く。

また、保護者会や授業参観の日時、（特に終了時刻）詳しい内容や見どころなど学級通信で保護者に伝えるとよい。

魅力的な内容を学級通信で伝えることにより、保護者の参加も多くなる。

二　描写力のある楽しい文章で書く

学校生活は保護者の方に読んでいただくので、読みたくなるような文章で書く。

子どもの成長や活躍など、具体的な事実を写実的に書いていくとよい。

授業実践などは内容を細切れにするのでなく、ズラズラと書いておくとよい。私も時に三～四号続けて同じ授業の実践が学級通信となることがある。

学級通信がそのまま実践記録になるのである。

実践をそのまま学級通信に載せることで自分が再び同じ学年を担当した時に役立てるのである。

【参考文献】『教え方のプロ・向山洋一全集34　ささやかな場面での子どものつきあい方』（明治図書）

小平第四小学校5年2組島村学級通信　　2010．4．6．

cross road ①

5年生進級おめでとうございます

　あたたかな春風とともに、新しい学年がスタートしました。

　お子様の5年生進級おめでとうございます。

　はじめまして。この度、縁あって5年2組を担任させていただくことになりました。島村雄次郎（しまむらゆうじろう）と申します。

　教師は子どもたちの可能性を伸ばすのが仕事だと考えています。もともと、子どもたちは無限の可能性を持っています。

　この可能性をどれだけ伸ばせるか、子どもたちに「腹の底から実感できる成長」を体感させるのが教師の仕事だと思います。

　また、学校には、

①勉強をしてかしこくなる。
②友達と仲良く生活する。

ために通っているのです。それが自分の可能性を伸ばすことにつながるのだという話をしました。

　この２つのことを一貫して、１年間子どもたちを指導していきます。

　細かいことについては追々、子どもたちに具体的に話していきます。

担任自己紹介

○名前　島村　雄次郎
○生年月日　4月20日生（丑年）　　○血液型　　O型
○住所　〒１８４－０００３　東京都小金井市
　（毎年この時期、桜がきれいな小金井公園の近くです。）
○電話・FAX
○Email
○趣味　・ギター演奏【気分がいいと歌いだします！！】
　　　　・読書【教育、ビジネス書から雑誌、漫画までなんでも読みます。】
　　　　・音楽鑑賞　【洋楽、邦楽問わず、ロック、フォークなんでも聴きます。流行の音楽には、これからついていきます！】
　　　　・子どもと遊ぶこと【外遊びも、内遊びもどちらも大好きです。】
○特技　サッカー（小学校３年生から続けています。最近は・・・）
　　　　ダジャレ（瞬間冷凍？！）
○家族　妻さんと、かわいい娘？２人（今年小学校４年生と１年生です）

5年2組の仲間

○○　○○さん　ようこそ小平第四小学校へ！よろしくお願いします。

明日の持ち物

○連絡帳　○筆記用具　○雑巾２枚　○体育着（発育測定のため）
☆宿題　自己紹介を３０秒間でできるようにしてくる。

今週の予定

4月7日（水）午前授業です。下校１２：４０．
1時間目　学級活動（自己紹介）
2時間目　学級活動（係会決めなど）
3時間目　国語・算数テスト（4年生までの復習です！）
4時間目　国語（5年生の教科書を配布します）

4月8日（木）給食が始まります。下校１５：４５．
1時間目　算数
2時間目　学級活動（当番・係決めなど）
3時間目　社会
4時間目　理科
5時間目　国語
6時間目　委員会活動

4月9日（金）下校１５：４５．
1時間目　国語
2時間目　体育　外
3時間目　学級活動
4時間目　算数
5時間目　社会
6時間目　理科

　１組の○○先生と、5年生は１年間学年として指導していこうという方針を立てました。

　そこで、社会科と理科を教科担任制で指導していきます。

　１組と２組の理科を○○先生が担当し、社会科を島村が担当します。

　よろしくお願いいたします。


　ご意見、質問・ご要望は必ずうかがい、誠実に対応させていただくつもりですので、何なりとお申し付けください。連絡帳でもお手紙でも、お電話でもFAXでも、直接学校にいらしても結構です。Eメールも大歓迎です。

　大切なお子様をたしかにお預かりしました。本日より平成２２年度小平市立小平第四小学校5年２組の教育を始めます。１年間よろしくお願いいたします。

小平第四小学校5年2組島村学級通信　　2010．4．7．

cross road ②

うれしかったこと・その1

　5年２組の教室での新しいスタートが始まりました。昨日うれしいことがたくさんあったので紹介します。

あいさつがとっても元気！！


　朝一番、教室で子どもたちを待っていると、教室に入ってきた子どもたちが次々に「おはようございます！」と元気にあいさつをしてくれました。

　当たり前のことと言えば、当たり前のことなのですが、とても気持ちのいい朝を迎えることができました。

うれしかったこと・その2

宿題をやってきた！！


　始業式の日、子どもたちに宿題を出しました。

　３０秒間で自己紹介をする。

　朝、子どもたちに「宿題をやってきた人？」と聞くと、ほとんどの子どもが手を挙げました。

　ノートやメモ帳にしっかりと書いている子どももいて、高学年になってのやる気が伝わってきました。

　宿題を出した手前、私が一番に自己紹介をしました。
　○○さんが計ってくれましたが、ぴったり３０秒です。（やる時はやります！！）
　子どもたちに３０秒間の自己紹介は何文字くらいかと聞くと、

①６０文字
②８０文字
③１００文字
④原稿用紙１枚（４００文字）

という意見が出ました。

　正解はおよそ２００文字（原稿用紙半分）です。

　３０秒の自己紹介でも、書き出して練習してみると、いろいろな発見があります。

　その後、自己紹介を出席番号順にやりましたが、すべての子どもたちが自分の言葉で自己紹介をすることができました。


　その後、子どもたちに自己紹介について３つの話をしました。
①自己紹介をするために、家で話す内容を考えてきたことがとても大切である。（言われたこと実行できる素直さ）
②自分の好きなものなどの理由が言えるとよい。（○○君のソーセージの話を例に挙げて話をしました。）
③短い時間の中では言わなくてもよい言葉は削る。（○○さんの自己紹介の第一声が「○○　○○です」で始まってとてもよかったです。「私の名前は」は自己紹介という場面では、わかりきっていることなので言わなくていいのです）
　自己紹介の後には、子どもたちに自己紹介の中から、「友だちクイズ」と言って質問を出しましたが、それもすらすら答えていました。

　ということ友だちの自己紹介をきちんと聞いていた証拠です。

　ますますこれからの学習が楽しみになりました。


黒板をじっくり見ることは大事！

五五五五五五五五五五
五五五五五五丑五五五
五五五五五五五五五五
五五互五五五五五五五
五五五五五五五五五五
丑五五五五五五五五五
五五五五五五五五正五
五五五五五五五五五互
正五五五五五五五五五
五五五五五五五五五五

　左の漢字は昨日の朝黒板に書いておいたものです。

　朝登校をした子どもたちは「五がたくさんある！！」と少し驚いていました。

　しばらくすると、「違う漢字がある！」と○○さんの声があがりました。

　さらにしばらくすると、「6つだな！」という○○君の声。

　正解です。朝学習で答えを全員で確認しました。ご家庭でも挑戦を！！

絶対に許さないこと

　初日に学校に通う２つの目的について子どもたちに話をしました。

　それを少し具体的に、「先生が絶対に許さない３つのこと」として話をしました。

①命に関すること。
②いじめや差別に関すること。
③努力に関すること。

　この３つに関しては、先生は本気で叱りますという話をしました。この３つは全員が学校で気持ち良く過ごすための最低条件だと考えます。

　また、学校は失敗をしていいところ。たくさん失敗して、正しい行動を学んでいくところなんだという話もしました。

⑱保護者が喜ぶTOSS一筆箋の活用法

子どもの何気ない行為に対して「感動することができる」

東京都小平市立小平第四小学校　島村雄次郎

日々の生活の中で、子どもの些細な成長や頑張りなどを一筆箋で保護者に伝える。すると、保護者の方からは、喜びや感謝のお手紙をいただくこともある。

一筆箋の内容は、

> 漢字テストで初めて100点をとった
> 算数の時間に一度間違えた問題を家でもう一度解いてきた
> こぼれた牛乳を率先して拭いてくれた
> 泣いている友だちにやさしく声をかけていた

など、些細なことであるが具体的な内容を書く。

一筆箋を書こうとすると、子どもたちの日々の細かい行動に目が向けられるようになる。

子どもの良いところを見つけ、子どもの良さを感動を持って受け止める。教師のできる素敵な仕事の一つである。

一「教えてほめる」を一筆箋で伝える

子どもたちに、「努力する人は伸びる子です」「友達にやさしく接する人は将来周りの人にやさしくしてもらえる人です」など、教師が子どもたちにしてほしい行動を話しておく。そして、教師が話した行動を実際に行った子どもをほめるのである。

こんな場面がクラスであった。

「昨日間違えた算数の問題を家でやってきたの。えらいなあ。先生がみんなにお話しした、努力の話をAさんはちゃんと聞いていたんだね。」「先生嬉しいから、お家の人にも伝えたいなあ。」といって、一筆箋を書くのである。

> 先日子どもたちに努力の話をしました。するとAさんは算数の時間に間違えた問題を家でもう一度解いてきました。
> Aさんの努力する姿勢が素晴らしいです。
> ご家庭でもAさんをほめてあげてください。
>
> 担任　島村雄次郎

お家の方からは、

> Aはこの手紙がよほどうれしかったのか、毎日手紙

を眺めています。ありがとうございました。

という心温まる感謝のお手紙をいただいた。

一筆箋は文房具店で手に入るが、東京教育技術研究所でも手に入る。一筆箋がかわいくて、子どもたちに人気である。

二　新・TOSSランドの活用

TOSS一筆箋の実践は、新・TOSSランド（http://www.tos-land.net/）からも検索することができる。

①「一筆箋で保護者の信頼を得よう」No.8706895
田丸義明
②「保護者に子どもの良さを伝える」No.4068988
佐々木真吾

新・TOSSランドには、検索して追試実践したものを、「修正追試」という形も登録できるシステムができた。

実践したものをより良いものとして後世に伝えていくのも我々の仕事である。是非活用していただきたい。

三　TOSS一筆箋のカスタマイズ（千葉雄二氏の実践）

TOSSノートにカーボン紙を敷いて、一筆箋を書く。すると、TOSSノートに子どもに書いた一筆箋の手紙が残る。

一ページで三人分書ける。一筆箋を書くのは右ページのみで、左ページは空けておく。

このページには保護者からの返信や手紙を貼る。

表表紙には名簿を貼っておく。誰に何回一筆箋を書いたかチェックができる。

カーボン紙で写した子どもへの一筆箋①
カーボン紙で写した子どもへの一筆箋②
カーボン紙で写した子どもへの一筆箋③

【左ページ】
保護者からの返信やお手紙が来たら貼っておく

一筆箋ノートの例

このノートを書きためておくと家庭訪問や個人面談、保護者会で活用することができる。子どもをほめた事実を、保護者に具体的に語ることができるのだ。

また、学期末のあゆみなどの所見にそのまま書くこともできる。

【参考文献】「向山型算数教え方教室」二〇一一年八月号『TOSS一筆箋』で保護者に伝えた子どもの成長」（明治図書）

⑲ 一年生担任入学式直後の動き
入学式後学級指導は、オリンピック決勝戦に臨む心境で準備せよ

兵庫県明石市立花園小学校　溝端達也

一 向山洋一氏の初めての入学式前夜

入学式前夜、私はなかなか寝つかれなかった。
(中略) 問題は、二十五分程度の子どもたちへの指導なのだ。これが気になって寝つかれなかったのである。
(向山洋一著『一年の授業・一年生の学級経営』明治図書)

あの向山氏をもってしても一年生の最初の指導に気をつかっていた。向山氏は、「おこがましいが、オリンピックの決勝戦に臨むような心境と同じ。」とも語っている。

この文からもわかるように一年生を担任する教師は、オリンピック決勝に臨む心境で準備が必要なことがわかる。

二 入学式後の学級指導

どの学校でも入学式直後に学級指導の時間がある。

これは、一年生担任に裁量に任されている。

学年で相談し、準備する必要がある。私の勤務校でも三十分あった。その三十分をどのように組み立てていくか、ここで述べる。

10：00　入学式後、体育館を出て、着席させる。

> トイレに行きたい人、いますか。立って下さい。先生と一緒に行きます、ついてきて下さい。

「他のお友達はお席でしばらく待っていて下さいね」

トイレに行きたい子と行かない子を分けて、指示を出す。

行きたい子を担任が連れてトイレに行かせる。

その間、待っている子どもたちは、補助の先生に見てもらう。子どもたちはみんなきちんと席に座っていた。

10：05　担任の紹介をする。

> 先ほど、入学式で校長先生から先生の名前を言ってもらいました。先生の名前を言える人いますか？
> 「みぞはたせんせい」
> そう、正解です。もう覚えてくれたんだね。うれしいな。ありがとう！　みんな言えるかな？　溝端先生、もう一度、言ってみて。(みぞはた先生)、わあ、すごい！　うれしいよ。

担任の名前を全員に確認する。声に出させて言わせておく。あとで呼名をするときの伏線だ。

> 先生は、みんなが来るのをずっと待っていました。
> 昨日の夜は、うれしくて、うれしくて、寝つかれなかったほどです。みんなにあえて本当にうれしいです。

教師が待っていたことを伝える。この時に重要なのが教師の表情だ。子どもたちは、担任をずっと見ている。保護者も見ている。とびきりの笑顔が必要だ。鏡の前で何度も練習する。私は、当日の朝も十回練習した。表情、目線を繰り返し、繰り返し確認する。

10：10　呼名をする。

> 今から、先生がみんなの名前を一人ずつ、呼びます。呼ばれた人は、「はい！」と返事をします。そして、返事のあとに、こう言います。
> 「みぞはた先生」
> ○○先生に見本をみせてもらいます。（補助の先生）
> 「○○先生」
> 「はい、みぞはた先生」

返事の仕方を補助の先生を使って見本を見せる。

当然、教師は子どもの名前を全部覚えておかなければ、ならない。絶対に間違えてはならない。当然、練習をする。

私は入学式の前夜、教室で何度も何度も練習をした。子どもたちの机を見ながら、何度も口に出して練習した。

> あんどう　はなこさん　はい、みぞはたせんせい。
> いけがみ　はなみさん　はい、みぞはたせんせい。
> かしま　はなおさん、　はい、みぞはたせんせい。

この時に配慮がいるのは、返事ができない子がいた場合の対応だ。私は次のように対応した。

> その子のそばにいって、返事をさせる。どんなに小さな声でも返事をしたことをほめる。

「はい、聞こえましたよ、返事してくれてありがとう。」

そう言って頭をなぜる。実際には、返事ができない子はいなかった。

10：25　ゲームをして緊張をほぐす。

> みんないい返事ができてすごいね。先生、すごくうれしいよ。
> じゃあ、とってもよく返事ができたら、みんなでゲームをして遊びます。

緊張場面の後は、ゲームをして子どもたちをほぐす。

私が選んだのは、「後だしジャンケン」と「パッパパッパッ」。

やり方は省略するが、いずれも盛り上がった。

⑳学級を荒れさせない「初日の布石」

「毅然とした態度」と「厳しい指導」よりも、子どもたちの自尊感情を高めるための布石

三重県四日市市立中部西小学校　中野慎也

一　できることを徹底させて、ほめる

前年度、崩壊していた学級を担任することがある。学級崩壊とまではいかなくても、「手強《ごわ》い」という前評判の子どもたちが何人もいる学級を担任することがある。そんな年は、黄金の三日間で「ルールを徹底させる」「毅然とした態度で」と気負い過ぎてしまうことがある。ともすると、「なめられないようにする」「しめる」という勢いで新しい学級の子どもたちに挑んでいこうとする教師もいる。はたしてそれで一年間楽しく過ごすことができるだろうか。

確かにルールを徹底させることも、教師の毅然とした態度も大切である。しかし、そればかりが強調されると、教室がギスギスとした雰囲気になってしまうことがある。そして、子どもたちがその厳しさに慣れたときに、突然、「荒れ」の芽が芽吹いてくる。

やはり、最初の三日間、最初の一週間は、特に、「ほめる」ことを大切にしたい。そのためには、いきなり厳しいルールから始めるのではなく、少し気をつければ誰でもできるようなことを徹底させる。そしてほめる。「できた→ほめられた」この正のスパイラルで子どもたちの自尊感情を高めることが先決である。たくさんの宿題を出して、絶対に全員にやらせるというハードルが高いルールや目標を設定すると、「できなかった」ということしか残らない。さらにルールや約束を守れなかったということで叱らなければならなくなってしまうこともある。

子どもを伸ばすのは「叱る教育」ではなく「ほめる教育」である。まずは、学級開き初日に意識しておきたいのは、

全員の名前を呼んでほめる

ことである。前年度荒れていた学級である場合にはなおさらである。これまで叱られてばかりいた子どもたちが初日からほめられるのである。これだけでもやんちゃな子どもたちの自尊感情が高くなる。そしてさらに、

ほんの少しがんばれば全員が達成できる約束

を徹底させる。教室を統率するためには「徹底させる」は重要なキーワードである。しかし、ここでのポイントは、例えば、「ノートに下敷きを敷く」「線を引くときはミニ定規を使う」「席を立つときはいすをしまう」「下駄箱の靴をそろえる」等の全員ができそうな事を徹底させ、そして「ほめる」のである。決して、「難しい宿題を全員ができる」等、徹底させるのが難しい内容にしてはいけない。

簡単なことでも、全員に徹底させることで子どもたちは「ルールを守る」という事を覚えていく。逆に、できそうにないことを徹底させようとして何人かの子を取りこぼしてしまっては、子どもたちは「ルールは守らなくても何とかなる」という事を覚えてしまう。

一見、当たり前だと思えるようなことでも、全員に徹底させ、そしてほめていく。この繰り返しで教室の規律はつくられていく。「できた↓ほめられた」の正のスパイラルで、子どもたちの自尊感情は高くなっていく。そして「規律」が身についていくのである。

二　譲れない部分は初日に宣言

ただ単に、ほめるだけではない。学級開きの初日、教師が絶対に譲れないことは、きちんと宣言しておく。何かトラブルが起きた後で「先生は、この行為は許せない」と言っても、それは子どもにとってはただのお説教である。

学校や、子どもの実態によっても異なるが、「一生懸命がんばる姿をバカにすること」「命を落とすかもしれない危険な行為」「何度注意されても聞き入れないこと」など、絶対に許せないことを宣言しておく。また、ここで宣言した内容は、いろいろな場面で何度も話して、子どもたちに浸透させなければ効果が少ない。子どもたちに「先生が叱る時は……」というイメージができるように繰り返し浸透させる。

三　「ありがとうございました」が言える子どもに

私は学級開きの初日の最後に、子どもたちに次のように話す。これは長谷川博之氏の追試である

> もしもあなたたちが誰かに叱られた時、「ごめんなさい」と、同時に、「叱ってくれてありがとうございました」と言える人間になりなさい。

これができれば、子どもたちは、他の先生に注意されても最後はほめてもらえる。そして、素直な子になっていく。

学級を荒れさせないためには、教師の毅然とした態度、厳しい指導ももちろん大切であるが、ほめることによって子どもたちの自尊感情を高めることを第一に考えたい。

第5章　最初の授業

①前学年の実態調査

自分の身を守り、一年間の指導方針を決める学力実態調査

群馬県邑楽町立長柄小学校　松島博昭

自分が担任するクラスの子どもたちの四月最初の時点の学力を教師は把握する必要がある。前の担任の教師から子どもたちの話を聞くことも、昨年度の学力テストの成績を確認することももちろん大切であるが、実態把握で一番欠かすことができないのが四月の学力実態調査である。なぜなら、この実態調査を行うことは、二つの大きな意味を持つからである。以下の二点である。

①子どもの実態を知り、一年間の指導方針を決める。
②教師自身の身を守る。

一　実態調査の方法

四月の最初の授業で学力実態調査を行いクラスの子どもたちの実態を把握する。

確認すべき項目は、以下の四点である。

（澤田好男氏より）

①前年度、何の指導が弱いのか。
②誰が何をできないのか。
③学級集団の得点分布はどうか。
④発達障害の疑いはないか。

この四つの観点で、実態を把握していく。実態を把握するための方法を紹介する。

【国語編】

前の学年で習った漢字50問テストを行う。この時に便利なのが、「うつしまるくん」（明治図書）という教材である。最初のページに50問テストがあるので、それを使って、どの程度漢字を習得しているのか、実態を把握する。

漢字テストの結果から、一人一人の漢字習得状況を把握することができる。

【算数編】

実態調査に出題する問題のポイントは、三点ある。

①前の学年の教科書から出題する。
②計算問題を二十五問。文章題を十問。
③それぞれ、百点満点。

算数の実態調査の問題は、「向山型算数教え型教室」二〇一二年四月号（明治図書）に全学年分の実態調査の問題が掲載されている。参考にして使用することができる。さらに、明治図書のワークテストを採択すると、はじめのテストがついてくる。この問題をそのまま行うことにより、

実態調査を行うことができる。

【ノート編】

前の学年の国語と算数のノートを全部持ってくるように伝える。昨年度、一年間でノートを何冊と何ページ学習していたのかを確認する。前年度の指導の中で何が抜けているのかを確認することができる。

二　一冊の分析ノートを作成する。

児童一人当たり見開き二ページで分析していく。ノートの左ページに、実態調査で行ったテストを縮小コピーして貼り付ける。右側に、結果からわかること。そして、その子にどのような指導を行っていくのかを具体的に書いていく。

【実際の実態把握】

以前、担任した小学校四年生のA君の実態調査の結果は、漢字4点。算数12点であった。そのテストを見て分析していく。まず、算数は、かけ算九九がまったくできていない。たし算はできる。ひき算は、確実ではない。漢字は、筆順がめちゃくちゃ。字も枠の中に書くことができない。この結果から、A君に対する具体的な指導を考えていく。算数の授業では、かけ算九九表を全員に配布する。

漢字の筆順を正しく覚えさせるために、指かきの仕方を教える。また、それでもできない場合は、書き順が表示されるタブレットを使用し、漢字練習を行う。

このようにノートに全員分書いていく。こうすることにより、一年間受け持つ子どもたち一人一人に対して、どのように指導していくのかが明確になる。もちろん、この指導方針がすべてではない。指導していく中で、修正を何度もしながら、全員の子どもたちができるようになる方法を考えていく。実態把握なしには、一年間の指導方針を決めることはできない。

3　自分の身を守る実態調査

向山洋一氏は、学力調査、実態調査についてこのように述べている。

> 今から十年前なら、漢字、計算の実態調査でよかったが、「新型学級崩壊」や「教師の指導を放棄した学び合い」などというレベルの低い実践が幅をきかせている現在、もっと深い実態調査が必要だ。「勉強、授業の思い出」などという作文を書いてもらうのもいいだろう。（「教室ツーウェイ」№４２６）

担任をした段階で荒れているクラスがある。五・六月に新しい担任が管理職や保護者からクレームをつけられることがある。その時にいくら口で「前からそうでした。」と言っても理解されないことが多い。四月最初の実態を記録しておくことにより、それを見せればよいのである。実態調査は、自分の身を守るための大切なツールにもなる。

②最初のひらがな指導
よりよい学習習慣を身に付けさせ、ひらがな学習の定着を図る

埼玉県富士見市立諏訪小学校　津田奈津代

一　ひらがな指導の前にやっておくこと

（1）実態調査（ひらがな）

一年生は、それぞれひらがなが読める、書ける、など様々な状態で入学してくる。スタート地点はバラバラである。

向山氏は、クラスでどのくらいひらがなが読めるのか実態調査を行っている。

> とりあえず、ひらがなの「読み」の調査を四月二十七日にやった。一人一人呼んでプリントのことばを読ませたのである。「たぬき」「かもめ」「へちま」「すみれ」など四十八文字で組みあわせたことばを読ませたのである。

「あいうえお」五十音表で一文字ずつ読ませてもいい。

実態調査をすることで、一人一人の読む力が把握でき、子どもにどう教えていくかの考察ができる。

（2）正しい座り方

学習を始める時に、机に向かう正しい姿勢を教える。

> 「背中は、ピン！」（背中をまっすぐにのばす）、「足は、ピタ！」（足の裏を床につける）、「おなかは、グー！」（机とおへその間は、握りこぶし一個分あける）。

この言葉かけで、子どもたちの姿勢は、ぐんと良くなる。

さらに、鉛筆を持つときは、机と目の距離も十分にとるよう指導する。

（3）教科書

一年生には、どれが教科書なのかを教える。そして、折り目をつける。まず、表紙につけさせる。この時に、

> 「手でアイロンをかけるよ。」

と言うと、子どもたちは上手にできる。表紙の次は、裏表紙、教科書の半分、そのまた半分にも折り目をつけさせる。

ノートやあかねこ計算スキルも同様に行うと良い。

（4）下敷きの使い方

下敷きを敷いて書くことも一年生のうちに身に付けさせたい学習習慣である。

> 「下敷きは、上手な字を書くお手伝いをしてくれます。」

はじめのうちは、どこに敷くのか確認してから書かせる。

（5）鉛筆の持ち方

> 「人差し指と親指で丸をつくります。」
> 「その丸を『天使の輪』と言います。」
> 「のこりの三つ指は添えるだけです。」

「『天使の輪』ができると字が上手になります。」
「鉛筆は『天使の輪』ができるように持ちましょう。」

(6) 運筆練習

ひらがなを書く前に、運筆練習をさせる。直線、ジグザグ線、曲線など、書写の教科書やスキルの初めのページ、プリント等たくさん練習させる。その際に、「正しい座り方」、「鉛筆の持ち方」を確認しながら行うと良い。

二　ひらがな指導のポイント

(1) どの文字から教えるか

スキルや練習帳などでは、教科書に出てくる文字から始めているものが多い。「あ」から「ん」のあいうえお順に教える方法もある。最初に習う文字は、簡単な方がいい。例えば、最初は「つ」、次に「く」、「し」のようにである。画数が少ない文字から教えると良い。

(2) ひらがな言葉集め

例えば、「つ」を教えるときに、「つ」のつく言葉を発表させる。「つき」パンパン「つる」パンパンというように、みんなで手拍子を入れながら行うとリズムよく楽しく言葉集めができる。

(3) 字形

マスを四つに区切り、1～4のお部屋とする。

1	2
3	4

「つ」は、「1のお部屋から2のお部屋を通って4のお部屋ではらいます。」と教える。「とめ」、「はね」、「はらい」も教える。

(4) 指書き・なぞり書き・うつし書き

『あかねこかんじスキル　ひらがなのれんしゅう』には、文字の学習の手順が載っている。

まず、指書きである。机の上に利き手の人差し指をつけ、「いち、にーい、……」と言いながら、何度も何度も机の上に書く練習である。子どもの指先は、神経が脳と直結していて、指先を使って書くことで脳にインプットされる。

指書きでしっかり書けるようになったら、次はなぞり書きである。スキルに薄く書いてある文字をはみ出さないようにていねいになぞる練習である。

最後に写し書きである。お手本の文字を見て、マスの中にていねいに書く。このステップを踏んでひらがなを覚えることで、ひらがなの正しい書き方が身につく。書き順や字形も定着する。

スキルが採用できなくても、練習帳もなぞり、写しがあるので、この指書き、なぞり書き、写し書きの手順で学習することができる。

【引用文献】向山洋一著『1年の授業・1年の学級経営』、浅川清、TOSS相模原著『入学後10日間　学習指導の詳細プラン』、向山洋一、森川敦子編『入学式前後10日間をこう組み立てる』、TOSS中央事務局&TOSS岡山サークルMAK編『小学1年の担任になったら　学級づくり・授業づくり』（全て明治図書）

③最初の音読指導

変化のある繰り返しで読み方指導を徹底！最後は、一人ずつ評価し、力をつけていく

岐阜県関市立武儀西小学校　小井戸政宏

最初の音読指導のポイントとして、次の五つを挙げる。

一　教科書にアイロンをかける
二　題名の横に○を十個書く
三　変化のある繰り返しで何度も読む
四　一人ずつ読みの確認をする
五　速く読めるようにする

一　教科書にアイロンをかける

音読指導の前に、教科書がスムーズに開くように指導しておくことが大切である。この作業をやっておくと、開いたページがきれいに広がるようになる。

「教科書にアイロンをかけます」と言って、教科書を開き、手の甲でアイロンをかけるように十回程度こする。

次のページを順番に開いて進める。

表表紙→裏表紙→約二分の一→約四分の一→約四分の三

作業終了後、子どもたちに教科書を開かせる。開いたまま戻らなければ合格である。

二　題名の横に○を十個書く

題名の横に直径一cm程度の○を十個縦に並べて書かせる。全文を一回読んだら、○を赤鉛筆で一個塗ることができる。どこで読んでも○を塗ってよいことを伝える。

教師は、毎日、読んだ回数を子どもたちに確認し、回数が増えた子どもをほめる。

すると、「先生！○がなくなったので、書き加えてもいいですか。」と尋ねる子どもが出てくる。この時、「すごい！もちろんいいですよ」と驚いてほめる。子どもたちの教科書が、赤い○でいっぱいになっていく。音読カードを与えなくても、子どもたちは、意欲的に音読に取り組むようになる。

三　変化のある繰り返しで何度も読む

音読を上達させるポイントは、何度も読むことである。教師は、授業の中で、音読の回数を保証する必要がある。何度も読ませる上で、大切なことは、「変化のある繰り返し」である。音読の仕方に少しずつ変化を付けて、繰り返

し指導をする。指導の手順は、次のようである。

(一) 追い読み

「先生の後に続けて読みます」という指示を出す。

教師が一文を範読する。子どもは、教師が読んだ文を真似して読む。これを最後まで繰り返す。

(二) 教師と子どもで一文交代読み

「先生が読んだ次の文を読みます」という指示を出す。

子どもたちは、教師が読んだ次の文を読む。最後まで読んだら、子どもたちが先に読み、教師が次の文を読むというように順番を交代する。

(三) 男子と女子で一文交代読み

「一文目を男子、二文目を女子というように男子と女子が交代で読みます」と指示を出す。最後まで読んだら、順番を交代する。

他にも「列ごと」「班ごと」など様々なバリエーションがある。子どもたちの実態に合わせて、使い分けるとよい。

四　一人ずつ読みの確認をする

指導のしっぱなしでは、子どもたちに力がつかない。子どもたちの読み方を確認する必要がある。

「起立をして、一人一文ずつ読んでいきます」と指示を出す。列ごとに立たせて読ませていく。次に読む子どもを立たせておくとテンポよく進めることができる。教師は、「合格」「少し間違えたのでやり直し」などと短くコメントをしていく。教師が確認をすることで、子どもの間違った読み方を修正することができる。毎回、教師が読み方の確認をしていけば、子どもたちは、手を抜くことができず、一生懸命に読むようになる。

五　速く読めるようにする

正確に読めるようになってきたら、レベルを上げる。スピーディーにスラスラと読めるようにするのである。

「先生の後に続けて読みます」と「追い読み」と同じ指示を出す。ただし、二つのポイントがある。一つ目は、教師は、ハッキリとした口調、かつ自己最速で読むことである。二つ目は、子どもが読み終わる前に、教師が次の文を読み始めることである。これを「巻き込み読み」という。

「巻き込み読み」には、次のようなバリエーションがある。「教師→子どもA→教師→子どもB→教師→子どもC……」と一人ずつ読ませる方法や「子どもA→子どもB→子どもC……」と子どもだけで読ませる方法である。最後は、教師が、一人ずつ読み方の確認をする。

第5章 最初の授業

④最初の漢字指導
指導は国語の授業で行い、継続した指導で漢字が苦手な子もテストで100点

東京都目黒区立鷹番小学校　戸村隆之

一　漢字指導のポイント

漢字指導で最も大事なのは、

> 漢字指導は授業で行うこと

である。

新出漢字の練習を宿題にしては絶対にいけない。間違いなくクラスに漢字が嫌いな子、できない子が出てくる。

第二に、よい教材を使うことだ。

漢字練習の教材を四月に採択する。様々な教材が並べられるがどれも同じではない。よい教材を使えば、子どもたちが進んで学習し、学力が向上する。よい教材は、ユースウェア（使い方）がしっかりある。ユースウェアがあるということは、どんなクラスでも漢字を身につけられる指導ができるということである。

一番のおすすめは『あかねこ漢字スキル』である。ユースウェアが確立されていて、全国で「漢字が苦手な子がテストで満点をとった」など効果が実証されている教材だ。

二　漢字指導一週間のシステム

漢字指導は、一週間で一サイクルのシステムで行っていく。

> 月曜日・火曜日　新出漢字の練習
> 水曜日　テストの練習
> 木曜日　テスト
> 金曜日　二回目のテスト

基本的にこのシステムは、どの漢字教材でも応用可能であるが、先に紹介した『あかねこ漢字スキル』はこのように指導できるように設計されている。テストもついているので、指導がとてもしやすい。

それぞれの指導にポイントがある。

三　新出漢字の練習

一日三～五字の新出漢字を扱う。次のステップで指導する。

①指書き

スキルに書かれている筆順を見て、「筆順を声に出しな

がら」指で書かせる。ポイントは「筆順を見なくてもスラスラ書けるようになるまで」練習させることだ。

②なぞり書き

スキルの薄い文字をなぞって書く。この時も筆順を唱えながら書かせる。視覚だけでなく、音声でも漢字を脳に入力していくのである。

③うつし書き

スキルのマスに自力で書く。「上のなぞりと同じように書きなさい」と指示するとよい。

一つの漢字を「指書き→なぞり書き→うつし書き」のステップで練習し、次の文字にいくというようになる。

④空書き

その日の漢字練習の最後に空書きで覚えたかをチェックする。筆順を唱えながら指で空中に一斉に書かせる。教師は、子どもがきちんと書けているかをチェックする。

教師は鏡文字で、空書きができるようにするとよい。教師が鏡文字で書いてあげると、子どもはそれを頼りに練習することができる。

四　テストの練習

テスト問題と同じ漢字を練習させる。よく漢字練習帳に「○行ずつ練習しなさい」とさせているが、効果が薄い。

ポイントは、一番から十番までの問題を一回ずつ練習させることだ。十番まで一回練習したら、また一番から練習させる。『あかねこ漢字スキル』はそのような作りになっている。こうすれば作業が遅い子でも、十番までの問題を最低一回は練習することができる。

五　テスト

漢字テストは三分くらいの短時間で行う。事前に問題がわかっているので短時間で十分である。答え合わせは、テストを隣同士交換して、スキルを見ながら丸付けをさせる。この時に、「厳しく見なさい。判定できない時や採点に納得がいかない時には、二人で先生のところに持って来なさい」と指示する。

採点後には、出席番号順にテストの点数を発表させる。中には全体の前で発表したくない子もいるので、「言いたくない人は先生の所にテストを持って来なさい」と指示する。このように発表させることはよくないと思うかもしれないが、この緊張感が子どもの頑張る意欲を高めるのである。

六　二回目のテスト

二回目のテストは「間違った問題だけ」をやらせるのがポイントである。テストで合っていた問題はやらなくてよい。一日の指導時間は十分〜十五分ほどである。毎日継続するから、子どもに力がつく。

第5章 最初の授業

⑤最初の視写指導
最初だからこそ細かな指導も入る
視写指導で押さえておくべきポイント5

埼玉県秩父市立花の木小学校　梅沢貴史

一　「うつしまるくん」を採択してもらう

視写指導において、最も有効なのが「うつしまるくん」を採用することだ。若い先生は採択が難しいかもしれないが次のことなどを話すと、採択してもらえるようになる。

①子どもが「シーン」とする
②作文など「書く力」がつく
③自習教材に最適である

もしも「うつしまるくん」を採択してもらえなかった場合は、マス目ノートや原稿用紙を使って、以下の指導を行っていいただきたい。

二　ポイント①　削った鉛筆を使わせる

2B以上が良い。芯が柔らかく、子どもが書きやすくなる。また、指と脳はつながっているため、しっかりと力を入れて書くことで、頭も良くなることを話し、そのためには2B以上の鉛筆で書くことが有効であることを伝える。また、毎日鉛筆を削ってくることを指導した上で、視写をする前の時間や休み時間に削っておくことを伝えておく。

三　ポイント②　「お手本」を用意する

視写をさせる際には、「お手本」が必要である。「うつしまるくん」のように、その「お手本」は書かせるノートや原稿用紙と同じものである必要がある。なぜか。

子どもが正しく書けているか、自分でチェックするため

である。自分でチェックできるからこそ、正しく視写する力がつく。「お手本」と書かせる用紙が異なる場合、視写の効果は半減する。

四　ポイント③　「写し方」を教える

ポイントは、

チャンク（かたまり）で写すこと

である。例えば、「わがはいは猫である」を視写する際にまず写すチャンクは、「わがはいは」である。しかし、子どもによっては「わ」「が」「は」「い」「は」と一文字写す

ごとに、お手本を見て、また一文字写す、と繰り返す子がいる。チャンクの意識がないのである。そこで、「音読→視写」の手順で指導を行う。

> 指示　「わがはいはねこであるマル」さんはい。
> （わがはいはねこであるマル）
> 指示　写す時は言葉のかたまりで写します。「わがはいは」ここまで一気に写しなさい。
> 発問　次はどこまで写しますか。
> （「ねこであるマル」です。）
> 指示　「マル」までちゃんと言えたね。書きなさい。

「マル（。）」「テン（、）」などと言うのもポイントである。

五　ポイント④　ていねいに書かせる

ただ写せばよい、というものではない。ていねいに書くことを意識させる。その際に、「字が大きい子」「字が小さい子」などに対して有効な指導である。

> 「マス目の線ぴったりに書きなさい。」

この指示をすると、マス目の線を意識するようになる。自動的にていねいに書くようになる。字が大きい子は小さく、字が小さい子は大きく書くようになる。

マス目の線に触れない、という実践もあるが、そうすると字を小さく書く子が出る。小学校の時点では、まずマス目いっぱいに、大きくはっきりと字を書くことを指導したい。

六　ポイント⑤　「姿勢」を「ほめて、教える」

「両足を床につける」「鉛筆を持たない手で押さえる」「背筋をすっと伸ばして座る」などの姿勢を教えて、できている子をほめていく。姿勢は書いているうちにだんだん乱れてしまう。それでも、姿勢よく書いている子を見つけて、繰り返し、繰り返しほめていく。それでも、なかなか直せない子がいる。特に背筋が伸びていない子には、

> 背中をそっと押してあげる

と背筋が伸びていく。それでも目と紙の距離が近くなる子に対しては、

> 目玉を下に向けなさい。

と声をかけると、姿勢を維持しながら書くことができるようになる。

第5章 最初の授業

⑥最初の指名なし音読指導
万全の準備で「指名なし音読」にのぞみ、スマートな指導でルールを徹底する

岐阜県関市立武儀西小学校　小井戸政宏

「指名なし音読」とは、教師が指名をすることなく、子どもたちが、自主的に起立をして音読をすることである。一文を読むことができるのは、一人である。何人もが起立をしたら譲る必要がある。

「指名なし討論」指導の出発点として位置付いている。

「指名なし音読」を成立させるためには、三つの指導が必要である。

> 一　正確にスラスラと音読ができること
> 二　指名なし音読のイメージ化
> 三　指名なし音読のルールの徹底

一　正確にスラスラと音読ができること

自分から立って、一人で音読をするためには、「正確にスラスラと読むことができる」という自信が、必要である。よって、「指名なし音読」をする前段階で、どの子どもも「正確にスラスラと音読ができる」状態でなければいけない。

教師は、「追い読み」「一文交代読み」など変化を付けて、繰り返し音読をさせる。そして、子どもたちに一人ずつ読ませて、読み方の確認をする。さらに「巻き込み読み」で、スピーディな読みができるようにしていく。

指導のポイントについては、同章③を参照。

二　指名なし音読のイメージ化

「指名なし音読」をする前に「たけのこ読み」の指導をするとよい。子どもたちが、「指名なし音読」のイメージをつかむことができる。

「たけのこ読み」とは、自分で決めた文や行になったら、起立をして読むという音読方法である。「指名なし音読」との違いは、一度に何人でも読んでよいというところである。「一文を読むことができるのは一人」という規制がないので、子どもたちは、思い切って起立をして、音読をすることができる。

「たけのこ読み」の指導は、詩を使うとよい。子どもが読む箇所を行ごとで区切ることができるので、混乱がないからである。指導の手順は、次のようである。

> （一）各行に番号を振る。

（二）自分が読みたい行の番号に〇を一つ付ける。
（三）全員が机を教室中央に向ける。
（四）自分が付けた番号になったら起立をして読む。

〇の数は、文章の量や子どもの実態に合わせて増やしてもよい。「（三）全員が机を教室中央に向ける」ことは、仲間の顔や様子が見えるので大切である。「指名なし音読」の机列も同様にする。

三　指名なし音読のルールの徹底

いよいよ「指名なし音読」である。全員に机を教室中央に向けさせて、次のように指示をする。

> 一文読みをします。指名しませんから、読みたい人から立って読んでください。
> 一度に読んでいいのは、一人です。何人も立ったら、譲ってください。
> まるで、一人の人が読んでいるようにできるといいです。

「たけのこ読み」と比べると一気にハードルが高くなる。それは、一度に一人しか読むことができないからである。やってみるとわかるが、一度に何人もの子どもが起立をして、譲ろうとしないため、空白の時間ができてしまう。

そこで、教師が指導をする必要がある。しかも、叱るのではなく、スマートな方法で、指導をする。

> いつまでも立っているとだだっ子みたいですよ。

これは、向山洋一氏の指導である。

私は、この言葉を追試したことがある。立っていた子どもたちが、サッと座った。とても効果のある言葉である。「譲ること」を評価する方法も効果があった。「指名なし音読」が終了後、次のように言う。

> お友だちに一回譲った人、手を挙げなさい。教科書に「Ａ」と書きなさい。
> お友だちに二回譲った人、手を挙げなさい。教科書に「ＡＡ」と書きなさい。
> お友だちに三回以上譲った人、手を挙げなさい。教科書に「ＡＡＡ」と書きなさい。

「ＡＡＡ」と言われた子どもは、「やった！」と言って喜ぶ。次の「指名なし音読」では、子どもたちが、我先に譲るようになる。

⑦最初の指名なし発表指導

発言に対する抵抗を取り除き、自分の考えを書かせ、「指名なし発表」を成立させる

岐阜県関市立武儀西小学校　小井戸政宏

「指名なし発表」とは、教師が指名をすることなく、子どもたちが、自主的に起立をして自分の考えなどを発表することである。「指名なし発表」と同じように、同時に何人も起立をした場合は、譲り合って、発表をする。

「指名なし討論」指導の前段階として、位置付いている。

「指名なし発表」を成立させるためには、三つの指導が必要である。

一　発言耐性をつける
二　全員が自分の考えをもつ
三　指名なし発表のルールの徹底

一　発言耐性をつける

子どもたちに発言に対する抵抗があっては、活発な話し合いはできない。発言に抵抗のない子どもたちだけの話し合いで終わってしまう。これでは、自分から発言をする「指名なし発表」などできるはずがない。

教師は、堂々と自分の考えを発言できる子どもを育てる必要がある。伴一孝氏は、「発言耐性をつける」と言う。

堂々と自分の考えを発言できる子どもを育てるために、二つのことが大切である。

（一）ほめること

まず、子どもたちの発言をほめることである。

この時、何をほめるのかがポイントである。ほめるのは、発言の内容ではない。発言したことをほめるのである。内容をほめるということは、「このように発表しなさいよ」というメッセージになってしまう。教師が、子どもたちの発言に規制をかけてしまうことになる。

発言することに抵抗のない子どもしか発言をしなくなってしまう。

だから、教師は、子どもが発言したことをほめるのである。このことを繰り返していくと、子どもたちは、発言することに自信をもち始める。

（二）発言回数を保証する

（一）と並行して、「発言回数を保証する」ことも行う。

子どもたちは、何度も発言をして、何度もほめられる中で、自信をつけていく。

子どもたちに挙手をさせて、教師が指名をするという方法だけでは、発言回数に限りがある。教師は、様々な発言の仕方を知っていて、使いこなす必要がある。

最も手軽で効果があるのが、「列指名」である。「一列起立。順番に発表しなさい」と指示をする。

「個別指名」もよい。教師が、いきなり個人を指名するのである。

こうして、発言をせざるを得ない状況をつくるのである。このことを毎日繰り返すと、発言することが当たり前になっていく。

二　全員が自分の考えをもつ

ノートに書いていないことは発表できない。

向山洋一氏の言葉である。子どもたちは、ノートに書いていないことは、発表ができない。

ノートに何も書かせずに指名なし発表をやってみるとわかる。子どもたちの発言がすぐに途切れてしまう。発言することが、すぐになくなるのである。

向山氏は、次のように言う。

一人あたり、三十も四十もになっているのでしょうね。

これは、子どもたちが、自分の考えをノートにたくさん書いていることを意味する。

以上のことから、教師は、次のことに配慮する必要がある。

（一）書くための時間の確保

自分の考えをじっくり書くための時間を確保する必要がある。

（二）たくさんの考えが出るような発問

子どもたちに自分の考えを三十も四十も書かせるためには、たくさんの考えが出るような発問の工夫が必要である。

三　指名なし発表のルールの徹底

「指名なし音読」と同様に、ルールの徹底が必要となる。特に「譲る」に関して徹底をしていかないと、授業のテンポが悪くなる。

第五章⑥と同様に、「いつまでも立っているとだだっ子みたいだよ」と言ったり、譲ったことを評価したりするなどして、ルールを徹底するとよい。

【参考文献】『向山型国語教え方教室』№41、『新しい授業づくりの技術QA事典』（共に明治図書）

第5章 最初の授業

⑧最初の討論指導
どんな意見でもほめる
発表することの大切さを伝える

群馬県邑楽町立長柄小学校　松島博昭

一　発表したことをほめる

討論の授業を行うためには、自由な発言が許される学級の雰囲気が必要である。どんな意見でも発言でき、誰もが意見を発言できる状態でなければ討論にはならない。そのために初めての討論では、とにかくどんな意見でも認め、発表できたことをほめる。

二　討論の流れ

例　テーマ「タイムマシンで過去と未来のどちらに行きたいか。」

（一）立場を明らかにする。

自分は、どちらに行きたいかをノートに書かせる。黒板を半分に分け、過去派と未来派の人数を書いておく。

（二）理由を書かせる。

いきなり

「討論を始めなさい。」

と言っても討論はできない。まず、いいと思う理由をノートに書かせる。これも一つではなく、できるだけたくさん書かせるようにする。意見がたくさん出るようにするために、教師は、

「一つ書けたら一年生、二つ書けたら二年生、三つ書けたら三年生……」

「一つ書けた人？二つ？三つ？四つ？五つ？すごいなー。」

などと声かけをし、たくさん意見を出させる。なかなか書けない子もいるので、三つ書けた子から黒板に意見を書くように指示する。思いつかない子は、その意見をヒントにすることができる。また、意見を黒板に書くことでその後の討論の際に、意見を見て質問や反論をすることができる。

（三）意見を発表する。

少数派の方から意見を指名なし発表させる。このときに、一番最初に発表した子をほめる。私は、

「ノートにAを三つ書きなさい。一番最初に発表することは勇気がいることだ。すごい。」

と言いほめる。進んで発表する行動を強化する。そして、発表は必ず全員にさせる。ここでも発表したことをほめる。

「発表した子はノートにAと書いておきなさい。」

（四）質問・反論を発表する。

ここからが討論となる。しかし、最初の段階では意見が

あまり出ないであろう。ここからが難しい。さらにステップが必要となる。

①質問・反論をノートにメモすることを教える。

友だちが意見を発表しているときに、ただ聞いているのではなく、メモすることを教える。そして、メモをしている子がいたらその子をほめる。

「えらい、友だちの意見をメモしている。メモしていた人？　すごいなー。」

他にもメモをしている子がいるかもしれないので、全員に聞く。

②少人数で意見を交換する。

まずは、近くの人と自分の意見を交換させる。その時に、私はこう考えるけど、あなたはどう考えますか？　と尋ねるよう教える。全体の場ではなく、少人数で話し合いを行わせることにより意見を出させやすくする。

このようなステップを踏んだ後、もう一度全体の場で質問・反論を発表させる。ここでも、一番最初に発言した子をとにかくほめる。

③同じ意見の子と相談する。

また、発言が少なくなったところで、同じ意見の子同士で相談させる。席から離れて相談してもよい。慣れてきたら討論中でも討論の邪魔にならないように出歩いて相談してもよいことを教える。

（五）立場を確認する。

討論の途中と最後に立場を確認する。最初の立場から、意見が変わってもよいことを伝える。また、どちらの立場が正解というのは討論にはないことを教える。

（六）感想を書かせる。

最後に、討論の感想を書かせる。盛り上がった討論の次の日の日記には、たくさんの子どもたちが討論のことについて書いてくる。自分の意見を主張する文章である。中には、保護者と相談したり保護者と討論したりする子もいる。

三　討論となる発問をする

討論を行うには、子どもたちがたくさん意見を発表したくなる発問でなければならない。しかし、子どもたちが熱中する発問は簡単にはできない。そこでおすすめなのが、向山氏の追試である。教室の子どもたちが熱中した授業がたくさんある。まずは、向山氏の授業を追試してみる。ここから見えることがあるはずである。また、発問を生み出す地力を養う方法として向山氏はこのように述べている。

> 教科書を開いて、見開き二ページで百発問作る。
> できるだけ異なるタイプを作る。

このような地道な努力をした教師が、優れた発問を作り、熱中した討論の授業を行うことができるのである。

⑨最初の算数ノート指導
ノートをきれいに書く趣意説明と成功体験がポイント

群馬県邑楽町立長柄小学校　松島博昭

一　身につけさせたいノートスキル

四月に指導したいノートスキルは以下の七つ。

①授業のはじめは新しいページを開いておく。
②日付を書く。
③ページ番号を書く。
④下敷きを使う。
⑤行間を空けて書く。
⑥横は、指二本分空けて書く。
⑦定規を使う。

新卒二年目でこのノートスキルを知った。必死にノート指導をした。しかし、時間が経つにつれ、子どもたちのノートは雑になり、いつの間にか、私は子どもたちのノートに対して何も言えなくなっていた。私は、「子どもたちにこう書かせなければいけない。」という思いがあるだけで、「なぜ、ノートをきれいに書く必要があるのか。」という趣意を説明していなかった。

だから、子どもたちは、

「どうして、ノートをきれいに書く必要があるの？」「面倒くさい。」

「前の先生はこんなこと言わなかった。」

という風に反発した。なぜ、ノートをきれいに書く必要があるのか、算数の最初の授業で必ず子どもたちに趣意説明をする必要がある。

二　きれいなノートを書かせるための趣意説明

一方的にノートスキルを子どもたちに押しつけても、子どもたちはノートをきれいに書こうとしない。一番よいのは、実物を見せることだ。三つのノートを紹介する。

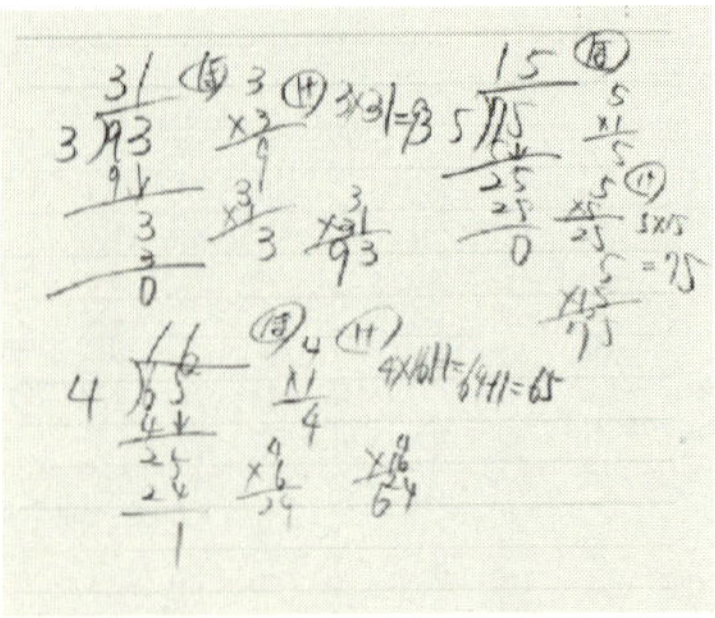

まずこのノートを見せて、感想を発表させる。子どもたちからは、「計算ミスしそう。」「何が書いてあるか分からない。」などの意見が出る。

そこで、「実は、このようなノートを書いている子は、勉強がなかなかできるようにな

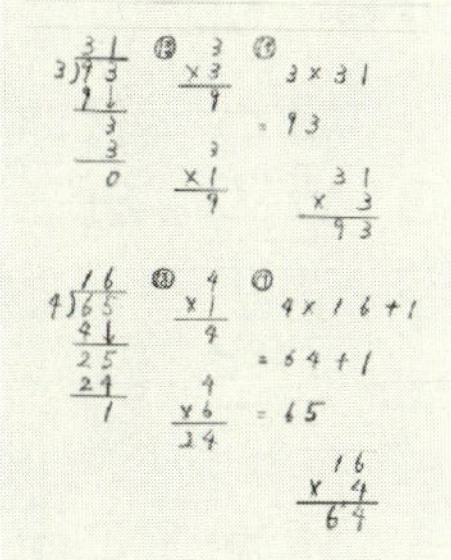

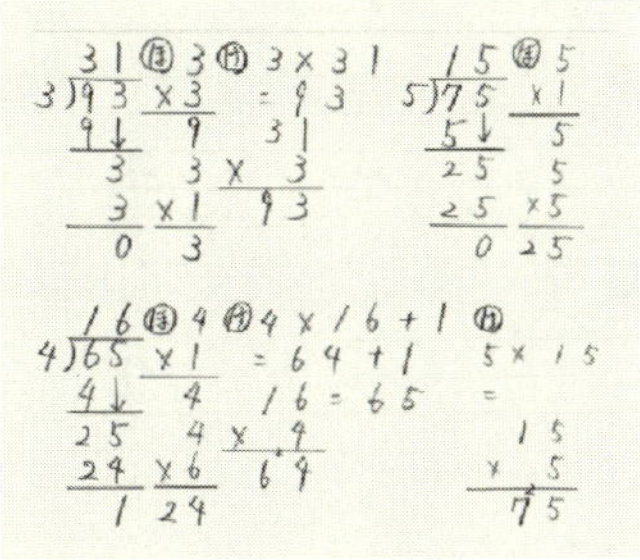

りませんでした。計算ミスがたくさんあったのです。どこに何が書いてあるか、自分でも分からなくなってしまったそうです。」

そして、次のノートを見せる。同じように感想を聞く。

子どもたちは、「定規を使っているからとても見やすい。」「きれいに書いている。」という意見も出るが、「筆算の計算が近づきすぎて、見えづらい。」という意見が出る。

そこで、「定規を使うと、とっても見やすくなりますね。でも、計算の隣同士がくっついていると、見えづらくなってしまいますね。このような書き方でも、計算ミスをしてしまうことがあります。」

次のノートです。

定規を使って、ゆったりノートを書いているものを見せる。

このノートを子どもたちに見せた瞬間に、「おー、きれい。」と、歓声が上がる。

「このようなノートを書いて勉強するとかしこくなります。勉強ができる子のノートはみんなきれいに書いています。」

「このようなノート書きたい人？」全員が手を挙げる。

三　ノートスキルで成功体験

子どもたちにきれいなノートを書くことの大切さを伝えたら、自分にもそのようなノートを書くことができるという体験をさせる必要がある。

そうしなければ、勉強が苦手な子は、「どうせ、自分は書けない。」と思っているからだ。そこで、『新・向山型ノートスキル』（東京教育技術研究所で購入可能）を使用する。ノートスキルは、書いてある通りなぞればよい。なぞることにより、ノートの書き方を身につけることができる。どの子もきれいなノートを書くことができる。きれいに書けたノートを見て、教師は、ほめ続ければよいだけである。

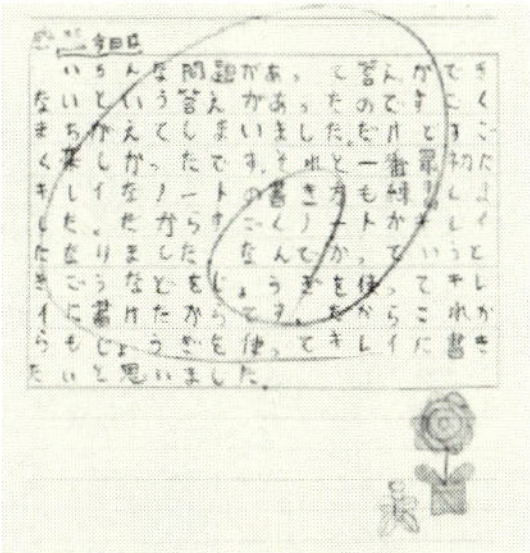
最初の授業　児童の感想

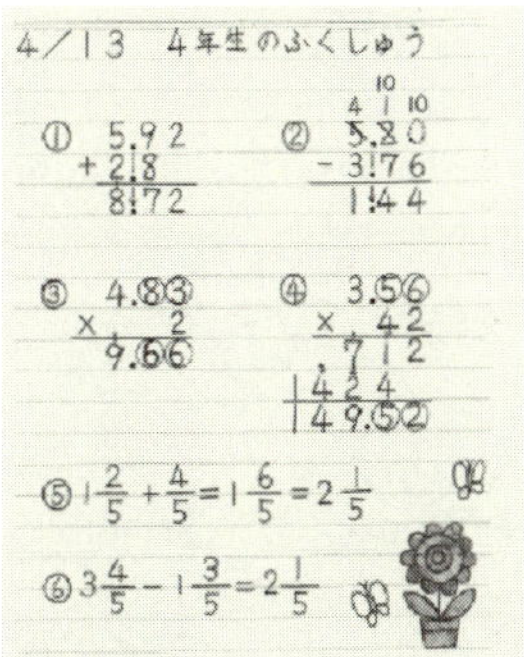
最初の授業　ノートスキル

⑩最初の計算スキル指導
どの子も「わかる」「できる」が体感できる計算スキルの使い方

千葉県千葉市立磯辺第二小学校　中村雄司

一　計算スキルを配り、名前を書く

計算スキルは、名前を書くところから始まる。名前を書くことで、自分の所有物であるという意識が芽生えるとともに、どんなものが入っているのかよくわかる。

> これから、計算スキルを配ります。先生は、計算スキルを授業中に使います。
> 配られたら、名前を書く欄に全て名前を書いてください。

名前を書く場所は、全部で四か所ある。

「計算スキルの裏表紙」「計算スキルの答えの表」「計算スキルの答えの裏」「あかねこシール」の四か所である。

名前を書くことで、落とした時などに確実にその子のもとへ帰ってくる。

二　計算スキルのシステムの説明

最初の指導は、実際にやりながらシステムを説明する。

> 2ページを開きなさい。
> 「勉強した日」に今日の日付「4月10日」と書きます。時間は、3分です。

今日実施するページを開かせる。

次に、日付を書かせる。また、そのページの日安の時間を伝える。一時に一事で進めることで、空白の時間を空けずに、全員が指示についてこられる。

> 1番から10番まで問題があります。
> ゆっくり確実にやりたい人は1番と2番だけやりなさい。
> 1問が50点。2問できて100点です。
> もう少し速くやりたいなあという人は、1番から5番までやりなさい。1問が20点、5問できて100点です。
> もっとスピードがある、大丈夫だという人は1番から10番までをやりなさい。その時は、1問が10点。10問できて100点です。

２問コース、５問コースなどの説明をする。しかし、このままだと、２問コースはずるい、問題が少なくていいなあと思ってしまう。そこで、コースの選択には、次のような趣意の説明が必要である。

２問コースでも、５問コースでも、10問コースでも、100点に変わりはありません。
どれも同じ100点です。かけっこだって水泳だって速い子もいれば遅い子もいる。
でも速い人がすぐれているということはありません。ちゃんとできればいいんです。

三　計算スキル中の注意すること

計算スキルをやっている時に気を付けることは、大きく次の二つである。

つまずいている子はいないか。また、その子はどこでつまずいているか。ヒントをそっと教えてもよい。
早く終わった子は、見直しをさせる。「はやく終わったらやってみよう！」問題はまだやらない。

スキルをしながら、学習の仕方を定着させていく。

四　答え合わせ

時間になったら、赤鉛筆を出させて答え合わせをする。教師が答えを読み上げ、子どもが自分で丸をつける。最後の問題から、答え合わせをしていく。

10番、○（答え）。９番、○。８番、○。７番、○。６番、○。５問コースの人お待たせしました。５番、○。４番、○。３番、○。２問コースの人、大変お待たせしました。２番、○。１番、○。
100点だった人？（挙手を促す）

五　２度目の集中場面

スキルの答え合わせが終わった後、さらに問題を解く集中場面を作ることで、子どもの力を伸ばすことができる。

残った問題をやりなさい。２問コースの人、５問コースの人は残った問題。全部終わった人は「早く終わった問題」をやりなさい。今度はテストじゃありません。鉛筆の先から煙が出るくらい、猛烈なスピードでやってごらんなさい。用意、スタート！

第5章 最初の授業

⑪最初の算数指導 一年

教科書を楽しく使い、なかまづくり 一対一対応から、かずの学習へ

埼玉県富士見市立諏訪小学校　津田奈津代

一　教科書の使い方

一年生は、教科書という言葉から教える必要がある。東京書籍では「あたらしいさんすう」という表紙になっている。これが、教科書だということを教える。

そして、教科書に折り目をつける。まず、表紙につけさせる。この時に、

> 「手でアイロンをかけるよ。」

と言うと、子どもたちは上手にできる。表紙の次は、裏表紙、教科書の半分、そのまた半分にも折り目をつけさせる。

ノートやスキルも同様に行うと良い。

ページをめくりながら、下に書いてある小さい数字を見て、2ページ、3ページということを教える。

二　指導の流れ

ここでは、東京書籍『あたらしいさんすう』を使うことを想定する。

一年生の一番最初の学習は「なかまづくりと　かず」である。

向山氏は、次のように述べている。

> 数字が書けたり、1対1対応ができる前に「仲間をくくる」ことができなくてはならない。
> 絵の中からチューリップならチューリップだけ、男の子なら男の子だけをえり分けられる力が必要である。
> （『教え方のプロ・向山洋一全集』明治図書）

「なかまづくり」から「くらべる」、おはじきやブロック、二十玉そろばん等の半具体物を用いた比較、そして「10までのかず」を学習する流れとなっている。

また、低学年の児童にとって絵は、重要である。絵を見ながら、どんな場面なのか、教科書の中のストーリーをイメージしていく。教師が、小学校に入学したばかりの一年生の児童に教科書の絵を楽しそうに説明していけるかが重要になってくる。

「算数ってどんなお勉強をするんだろう。」「これからどんなお勉強が始まるんだろう。」「算数って楽しいな。」と児童が思えるように、授業の発問・指示を行う。

さらに、児童が、絵の動物や物を見て、「うさぎが一輪車にのります。」などと、「○○が○○しています。」とイメージでき、発表できるよう、教師が楽しくお話しし、児

童がわくわくするような語りをすることも重要である。

(1) なかまづくり

「同じ動物の仲間を鉛筆で囲みましょう。」

教科書の拡大コピーを黒板に貼り、まず、教師がやってみせる。

「鉛筆を出しなさい。みんなも囲んでみましょう。」

子どもたちの中には、仲間を一つずつ囲んでしまう子もいる。最初に教師がやって見せることで、仲間をくくる、囲んだら、

ということを教える。

(2) 一対一対応

（1）のなかまづくりでは、「うさぎがいます。」「ぶたがいます。」などの同じ仲間の集まりを学習する。ここでは、

「うさぎがいます。」「ぶたがいます。」

と発表させ、場面をいうことができるようにする。

「うさぎは一輪車にのります。」 「ぶたは魚つりをしています。」

と一対一対応につながる発表ができるようにする。

うさぎやぶたを例にとると、うさぎは一輪車と一つずつつなぐことになる。ぶたは魚つりをしている。ぶたと魚を線でつなぐ。

次にあまった動物やものをどうするか。あまったものは○で囲ませる。余ったものを強調するためである。そこから、動物とものを比べ、

「～が多いです。」「～が～より、～ひき多いです。」

と言えるように型を教えていく。

動物と物を線で結ぶ際にも、「線で結ぼう。」という表現でなく、「うさぎを一輪車にのせてあげよう。」といったイメージのわく表現で指示する。

(3) かず

ここからは、教科書の動物などの具体物から、おはじきやブロックの半具体物に置き換えて、1～5、6～10のかずを学ぶ。

○―1―いち

○を1個と理解すること、1を「いち」と読めること等、三者関係も理解させる。

数字の書き方も、国語のひらがなの学習同様、指書き・なぞり書き・写し書きで書き順、形にも気を付けて正しく数字を書けるように指導していく。

【引用文献】木村重夫編TOSS相模原・TOSS旭川フォルジュ著『向山型算数授業法事典小学1年』、浅川清・TOSS相模原著『入学後10日間学習指導の詳細プラン』、向山洋一・森川敦子編『入学式前後10日間をこう組み立てる』、TOSS中央事務局&TOSS岡山サークルMAK編『小学1年の担任になったら学級づくり・授業づくり』、板倉弘幸編著・TOSS浅草著『黄金の三日間・算数の授業開き』（全て明治図書）

第5章 最初の授業

⑫最初の算数指導二年

最初の指導に学習規律やルールを教えよう

神奈川県川崎市立新町小学校　田丸義明

一　最初の算数指導のポイント

最初の算数指導で重要なポイントを挙げる。

1　学習規律を教えること
2　丁寧にノートに書かせること
3　学力調査（実態調査）を行うこと
4　間違えてもいい、間違えることは大切だと教えること

二　学習規律を教えること

低学年では以下のような学習規律を教えることが必要。

（1）エンピツを正しく持つこと。
（2）エンピツは家で削っておくこと。
（3）下敷きを使うこと。
（4）ノートを前のページから順番に使うこと。（何ページもとばして書く子もいる）

また、筆箱、教科書、ノートが整理して置かれていない子もいる。「筆箱はここに置くのですよ。」「ノートの下は平らにするのですよ。」と丁寧に教えることも必要だ。低学年の児童は教師ができて当たり前と思っていることができていないことがたくさんある。まず、授業の基本的な学習規律を教えることが大切である。

三　丁寧にノートに書かせること

このような学習規律を教えつつ、最初の授業で「丁寧にノートに書くこと」を徹底する。例えば、

①一マスには、一文字だけ入れて書く。
②線を引くときには定規を使う。
③赤鉛筆を使う。
④行の間、問題と問題の間はゆったりと空ける。
（問題と問題の間は指2本分空ける）

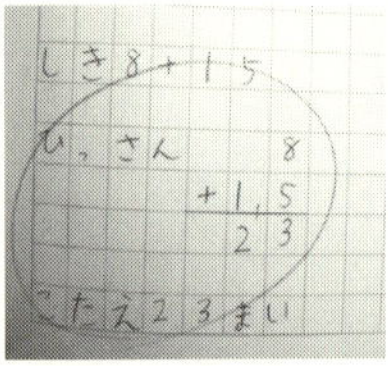

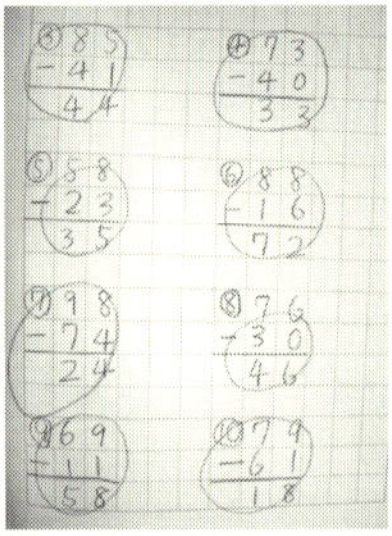

このことが簡単に指導でき、成功体験を与えられるのが『新・向山型算数ノートスキル』である。東京教育技術研究所から入手できる。（FAX0120－88－2384）

丁寧にノートに書かせるポイントは、

教師が授業中に何度か子ども全員のノートをチェックする

ことだ。例えば、「この問題ができたら持ってきなさい。」と言って教師のもとへ持ってこさせる。その際に、あっているかどうかだけでなく、「一マスに一字で書かれているか」「定規が使われているか」などをチェックする。できていなければ「定規を使って書き直しなさい。」「問題と問題の間を指二本分空けて書きなさい。」と言ってやり直しをさせる。少し厳しいぐらいでよい。できていれば「とってもきれいです。」と言って赤鉛筆で大きく○をしてあげる。

　これをくり返し行うことで子どもはノートに丁寧に書くようになる。子どもの中には黒板に書かれたことをノートに写すことが非常に困難な子もいる。何を書いてよいか分からない子もいる。その場合には、

教師が赤鉛筆でうすくノートに書いてやる。

　それをなぞらせて、できたら「よくできたね。」と力強くほめてやる。

四　学力調査（実態調査）を行う

　一年生の教科書の最後のまとめのページにあるような問題二十問ぐらいを出す。簡単な計算問題と文章題でよい。

　例えば、

3＋4　6＋3　5＋8　12＋7

5－2　10－4　18－6　12－9

　すると、「太郎君（仮名）はくり上がりのたし算ができないのだな。」「花子ちゃんは、立式が苦手なのだな」「山田君は単位を忘れやすいな」など、

どの子がどれだけできるのか。どこを苦手としているのか

などが把握できる。教師がそれらを把握していれば、授業の中で「たし算の問題、太郎君はできているかな？」「山田君は単位を書いているかな？」など個に応じた指導がしやすくなる。学力調査に関しては、雑誌の四月号に問題が載っていることが多い。

　写真は二〇〇九年「女教師ツーウェイ」四・五月号（明治図書）佐藤紀子「年度初めの実態調査計算」である。

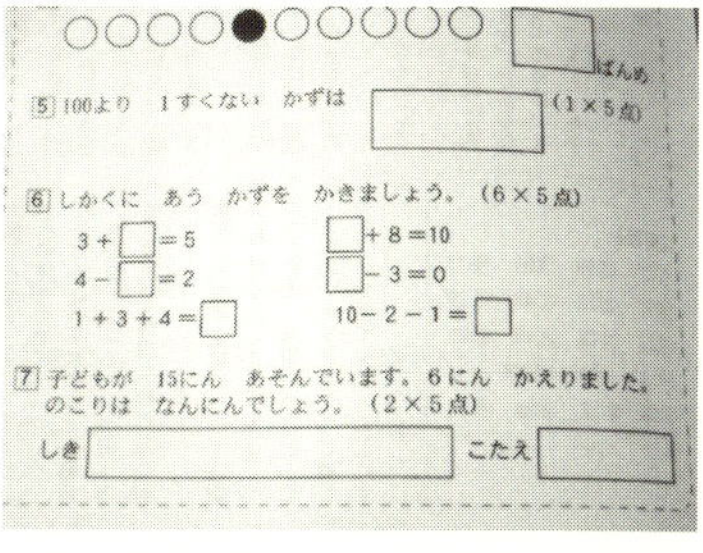

五　間違えてもいい、間違えることは大切だと教える

　子どもの中には「間違ってはいけないんだ」「間違えることは恥ずかしいことだ」といった意識を持っている子がいる。例えば、エジソンは何度も失敗をしながら電話や電球など数々の発明をしてきた話などをして、「間違えることはとても大切なことだ」ということを伝える。

⑬最初の算数指導三年
正方形がいくつあるか求める授業
子どもたちはチャレンジして熱中する

千葉県成田市立前林小学校　小松和重

どの子も考え、熱中する授業を紹介する。授業開きにふさわしく、楽しいだけでなく、図形をかくときに定規を使うことも指導できる。

「向山洋一の最新授業ＣＤ【復刻版】４年算数『小数』」第一巻の向山洋一氏の修正追試である。向山氏は、課題ができた子に対する応用問題として四マス×四マスだけ出題したが、今回は、授業開きなので一斉指導にした。

ノートに日付を書かせた後、次のように指示する。

> 指示1　一マス分の□を定規でノートに書きなさい。

教師も板書する。横罫の場合は、一センチと指示する。

「○○さんは定規をきちんと使っていてえらいなあ。」とほめたうえで、「定規を使わないと書き直しですよ。」と最初に言っておく。

向山氏は、「フリーハンドでいい。」と指示している。今回は、授業開きなので、三年生になって算数のノートを使うのも初めてだ。定規を使って線を引く、ということも教えたい。

> 指示2　正方形はいくつありますか。□の下に数字を書きなさい。

書けた子をすぐに指名する。「1つです。」（1でも可。）「同じ人？」と聞くと、全員の手が挙がるだろう。

「正解です。すごいなあ。天才だなあ。」と大げさにほめる。どの子もできる問題なので、一年間の最初の算数の授業で、全員がほめられることになる。

> 指示3　次は、ニマス×ニマスの図をノートに定規でかきなさい。

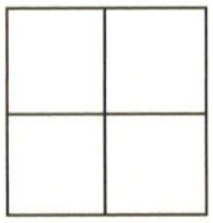

> 指示4　正方形はいくつありますか。書けたらノートを持ってきなさい。

ほとんどの子が、「４つ」と書いてくるだろう。だまって×をつける。説明しない。定規を使っていない子にもやり直しさせる。最初に言ってあるので、文句は出ない。

　しばらく×が続くかもしれないが、必ず「５つ」と書いて持ってくる子がいる。「正解！」と力強く言って○をつけると、大喜びするはずだ。

　あとは教師が説明しなくても、子どもたちどうしで正解が広まる。次々と正解するだろう。

　ほとんどが正解したら、「大きな□も正方形だね。」と言って色チョークで囲むだけで、子どもたちは「そういうことか。」と問題の意味を理解する。説明は十秒で済む。

　ここまでが助走で、次からが本題である。

指示５　今度は、正方形はいくつありますか。書けたらノートを持ってきなさい。

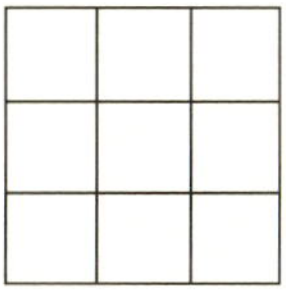

「９こ」と書く子はほとんどいない。「10こ」が多い。ここでも、だまって×をつける。自信満々で来た子は、「あれ？」という顔をするが、すぐに考え始める。

「10と考えた人は、一番大きな１個を加えた。高級な間違いだ。」と評価する。

「田（ニマス×ニマス）」も見つけることができれば、正解に近づく。教えなくても、必ず子どもたちだけで見つけられる。「田」が４個あるので、正解は、「14こ」である。

発問１　次は、先生はどんな問題を出すでしょう。

「四マス×四マスだ！」と子どもたちは反応する。「変化のある繰り返し」の良い点だ。

指示６　正方形はいくつありますか。書けたらノートを持ってきなさい。

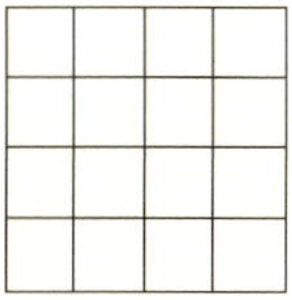

　さすがに、「17こ」と書く子はほとんどいない。なかなか正解にたどりつかないが、どの子も熱中して考える。

　しばらく正解が出なかったら、「そろそろ正解を言おうかな。」と子どもたちに言ってみる。「言わないで！」「ちょっと待ってて！」と子どもたちは絶対に言うはずだ。

　ちなみに、正解は、「30こ」である。□が16個、田が９個、三マス×三マスが４個、最後に一番大きい四マス×四マスが１個で、合わせて30個である。

　シンプルな繰り返しなので、子どもたちは間違えても何度もチャレンジして、熱中する授業になる。

⑭最初の算数指導四年

ノートの書き方、学習規律を身につけさせ確実に大きな数が読めるようになる

北海道猿払村立鬼志別小学校 中田昭大

「大きな数」は四年生算数の最初の単元である。最初の授業では、大きな数を読んだり、書いたりする。その時、上のように、線と億や万の単位を書き入れると分かりやすい。このように、子どものつまずきが少なくなるように配慮しつつ授業を進めていく。また、四月最初の授業では、ノート指導、学習規律も身につけさせながら授業を行いたい。教育出版の教科書を使った算数の授業プランを紹介する。

1	2 7 2 8	8 4 1 9
億	万	

> 世界地図です。先生が言う国を指さしてごらんなさい。さしたら手をあげます。日本。

誰でもできる簡単なことから始める。できたらほめるので子どものやる気が高まる。韓国、オランダ、オーストラリア、アメリカ、ブラジルもテンポよく進める。

再度、韓国を指ささせ、次のように問う。

> 韓国の人口は何人ですか

・四千九百二十三万二千八百四十四人

一億までの数については、三年生で習っているのでいきなり問う。できたら思いきりほめる。

> 分かりやすくするために、四つに区切って線を引きます。そして、線の下に万と書きなさい。

線を引く時には定規を使わせる。定規を使いこなすことは大切な学習技能である。

> 全員で、韓国の人口を読みます。さんはい。オランダです。同じように、やってごらんなさい。

オーストラリアも同様にさせる。オランダ、オーストラリアの順に線と万を書き入れているか隣同士で確認させる。

私の学級の子たちは、線と万を書き入れる作業を「まんぼう」と呼んでいた。億の場合は「おくぼう」だった。子どもはイメージしやすい言葉に置き換えると忘れにくい。

オランダ、オーストラリアの人口を全員で読ませたあと、日本を扱う。

> 日本を同じようにやってごらんなさい。

教師は、黒板に日本の人口を書き、「まんぼう」を書き入れる。そして、次のようにわざと間違えて読む。

> 一万二千七百二十八万　八千四百十九　人

子どもたちは、間違えていることに気づき、教師に間違いを言いたくて仕方がない状態になる。

どこが違うのか説明できる人！

1 2 7 2 8｜8 4 1 9
　　　　万

「まだ、四つに区切ることができる」「万の次は億」という意見が出てくるはずである。大切なことは教師が教えるのではなく、子どもに発見させたい。できたら、心の底からほめてあげるのだ。

正しい区切り方と億という単位を確認して、全員で日本の人口を読む。

アメリカを同じようにやってごらんなさい。できたら、先生に持ってきなさい

「まんぼう」「おくぼう」が書いてあるかだけではなく、定規で線が書いてあるかもチェックする。丸をつけてもらうときは、教科書（ノート）を教師に向けて出すことも教える。逆さに出すと、教師のまるつけに時間がかかり子どもの列ができてしまうからだ。待っている子どもたちは何もすることがなくなり騒ぎ始める。向山洋一氏はこの光景を「学級崩壊の亡霊」とたとえている。長い列が学級崩壊のきっかけになってしまうことだってあるのだ。

早くできた人は黒板に書きなさい。

早くできた子の空白時間をうめるための指示である。また、算数が苦手な子は黒板を参考にして問題に取り組むこともできる。

ブラジル、世界の人口を扱い、世界地図の挿絵を使った学習は終わりである。挿絵だけで一時間目の学習内容をほぼ網羅できる。

あとは、教科書の設問に答えながらノート指導を行う。日付・ページ・単元名を書く、一マスに一字書く、濃い字で丁寧に書く、一〜二行あける、間違いは消しゴムで消さずに大きく×をつけて書きなおすといったことを丁寧に教える。ノートをきれいに書く力は、算数の学力を高めるためには不可欠である。四月のはじめに、しっかりと指導しておく。

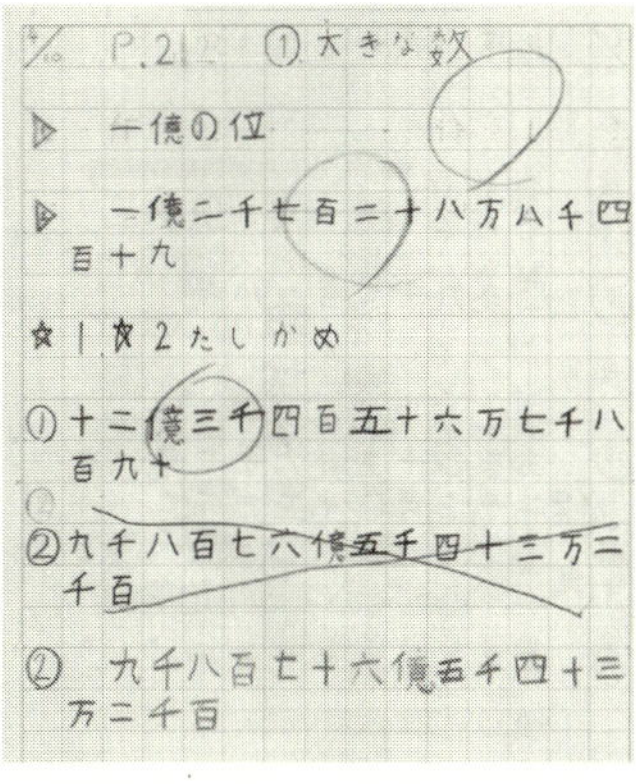

【参考資料・文献】「向山洋一算数授業CD4年大きな数」（東京教育技術研究所）、「向山型算数教え方教室」No.58高野宏子論文（明治図書）、「向山型算数教え方教室」No.142小野晴美論文（明治図書）

第5章 最初の授業

⑮最初の算数指導五年
楽しい授業、一年間のルール確認、基礎学力調査で算数の授業をスタート

長野県長野市立三本柳小学校　高見澤信介

おすすめの授業展開は次の三本柱だ。
（1）楽しい授業　二十分
（2）一年間のルール確認　十分
（3）基礎学力調査　十五分

一　楽しい授業

4＋2と板書し、発問「いくつですか」　6である。

4m＋2と板書し、発問「いくつですか」

子どもたちは戸惑うだろう。これは「できない」または「4mと2」が正解だ。

続けて四問を板書する。
①4÷2　②4m÷2　③4÷2m　④4m÷2m
①は2　②は2m　③はできない　④は2が答えだ。
子どもたちからは様々な考えが出されるだろう。

次は
①4×2　②4m×2　③4×2m　④4m×2m
①は8　②は8m　③は「できない」とする子が多いが8m　④も「できない」とする子が出るが、これは面積を求める式である。8㎡が正解。
TOSS代表の向山洋一氏の授業である。

私はこの授業で、意見を言った子をほめること、「できる」と自信を持ちすぎないことと「できない」と自信をなくさなくてもいいことを話すとよいと考えている。

二　一年間のルール確認

算数の授業でのルールを最初の時間に確認する。

ルール①　筆箱の中身

「先生との算数の勉強では、2B以上の鉛筆、赤鉛筆、ミニ定規を使います。シャープペンやボールペンは使いません」

「指先は第二の脳と言われています。脳につながっている神経がたくさん指先にはあるのです。シャープペンで勉強をしていて、ポキッと芯が折れてしまうことがあるでしょう。そう言った時、せっかく覚えようとしていたみなさんの脳も一旦ストップしてしまうのです」

「先生は『赤鉛筆でうすく塗りなさい』と指示をすることがあります。赤ペンだとうすく塗れません」

●補足ポイント一　アドバルーンへの対応

「先生。赤ペンはだめですか？」と聞いてくる子がいる。これは「アドバルーン」と言う。教師の言うことを試しているのである。

　間違っても「赤ペンでもいいよ」と言ってはいけない。一度言ったことを覆すと、学級は崩れていく。「先生は赤鉛筆と言いました」と毅然と言えばよい。

●補足ポイント二　忘れ物への対応

「先生、赤鉛筆を忘れました」と忘れ物をした子がしばしば来る。忘れたら貸してあげればよい。鉛筆、赤鉛筆、ミニ定規も多目に用意しておく。

ルール②　ミニ定規の使い方

「線を引く時はミニ定規を使います。丁寧さを身につけるためです。丁寧さが身につくと、計算ミスが減ります」

「これは算数ができることで有名な学校や、日本だけでなくて上海などの外国の小学生もやっていることなんだ」

ルール③　消しゴムは使わない

「計算をしていて途中で間違いに気づくことがあるでしょう。でもその時、消しゴムは使っちゃいけません。どうして間違えたかを残しておいて、同じ間違いをしないためです。これは数学の得意な数学者が言っていることなのですよ。でもどうしても使いたいっていう場合もあるでしょう。一回だけよしとしましょう」

三　基礎学力調査

新しく担任した学級で必ず行うべきことである。

「基本的な計算問題だけでよい。前の学年の教科書から提出することが大切だ。子どもたちの基礎学力が一目で分かる。」

「この結果によって、一年間の方針も生まれてくる。どのような授業が必要か、いかなる教材が必要か分かってくる。」

「ときには、親の攻撃、管理職からの批判から自分の身を守ることになる。」

（『向山型算数教え方教室』二〇〇七年四月号　向山洋一巻頭論文）

【引用文献】
向山洋一著『5年の授業・5年の学級経営』（明治図書）

第5章 最初の授業

⑯最初の算数指導六年

算数が苦手だった子が、「できるようになりそうだ」と思える授業を

三重県四日市市立中部西小学校　中野慎也

一　一回目、二回目で絶対にやらなければならないこと

六年生に限らず、どの学年を担任してもかならず学年初めにやらなければならないことがある。それは、

（一）前年度までのレディネステスト
（二）ノート指導（新・向山型算数ノートスキル）

の二つである。

（一）レディネステストは、前年度の教科書に載っている四則計算を中心とした典型的な練習問題を数問出題する。これで子どもたちの実態が分かる。この結果は、学年末まで残しておき、評定の根拠にすることもできる。

（二）ノート指導は、原則は「新・向山型算数ノートスキル」をユースウェア通りに授業する（ノートスキルは、東京教育技術研究所のホームページから購入できる）。

算数の学力の基礎はノート指導である。詳細は省略するが、ノートをきれいに書かせる指導は極めて大切である。ノートスキルを使うと、まずは算数のノートの書き方を徹底させることができる。それだけでなく、どの子もきれいに書けるようにユースウェアが組み立てられているので、ノートを書くことが苦手な子も、「できた」「きれいに書けた」「今年はできそうだ」という自尊感情を高めることができる。ノートスキルの授業は、学年最初の成功体験の授業なのである。

二　「今年はがんばろう」という気持ちにさせる手立てを

いよいよ、教科書を使った授業である。

六年生最初の単元は、教科書の出版社によって異なる。六社の教科書を見ると、最初の単元は、「円の面積」が一社、「対称な形」が四社、そして「文字を使った式」が一社の、三種類に分かれている。

六年生は、これまでの学校生活の中で、算数が本当に大嫌いになってしまっている子がいる。苦手と思い込み、手を着けようとしない子もいる。そんな子どもたちがほんの少しでも算数の勉強をやってみようと思うのが授業開きの日である。「算数は面白い」「できるようになりたい」と思えるように、成功体験をさせ、自尊感情を高めたい。

最初の単元が図形領域の場合を例に挙げる。

例えば、円の面積の単元では、教科書の最初のページに、方眼に重ねて円が描かれている。一マス一平方センチメートルである。

教科書ではいろいろな考え方を出し合うような展開になっているが、このままでは苦手な子は苦手なままになってしまう。ここは全員ができる活動を入れる必要がある。

> 円の中にある正方形の数を数えなさい。

子どもたちに、円の中にある正方形の数を一つひとつ数えさせるのである。中にはかけ算を利用する子もいるかもしれない。一つひとつ数えても、工夫して数えても価値は同じである。とにかく、子どもたちを力強くほめる。

また、余裕があれば、

> 円の中の正方形を赤鉛筆で塗りなさい。また、少しでも欠けている正方形は鉛筆で薄く塗りなさい。

「塗る」作業は教室が静かになる。そして、丁寧に作業をするという大切な技能を身につけさせるための活動である。そして、赤で塗った正方形の数と、鉛筆で塗った欠けた正方形の数を数えさせ、面積の検討をつけさせる。この活動でも、静かに、丁寧に作業した子どもたちを大いにほめる。

対称な形の単元では、実際に、教科書の方眼に線対称の図形を描かせるようになっている。ここで、「好きなように描いてごらん」と、いきなり描かせるのではなく、教師のお手本通りに、最初は四角形のような単純な形からノートに描かせていく。スモールステップで「易→難」の順序でいくつかの図形を描かせた後で、

> いろいろな線対称の形を○個描いてごらん

と指示する。モデルのおかげで描けるようになる子もいる。どんな単純な形を描いてきても、子どもたち全員のノートに○をしてほめる。

三　徹底させたい学習規律はこの時期に

授業の中で、「問題を読む」「ミニ定規を使う」「消しゴムを使わない」等の守らせたい学習規律を一つひとつ教えていく。「五色百人一首」の最初の指導のイメージで、「一時に一事の原則」で進める。大切なのは、できていない子を注意するのではなく、「教えてほめる」ことである。

⑰最初の国語辞典指導
どの子も楽しく国語辞典の引き方を身につける指導法

北海道猿払村立鬼志別小学校　中田昭大

国語辞典の指導は次の三つのステップで行うとよい。「興味を持たせる」「仕組みを教える」「素早く引く力をつける」である。子どもは楽しみながら、国語辞典の引き方を身につけることができる。

一　国語辞典に興味を持たせる

国語辞典との出会いの学習でお勧めの授業がある。向山洋一氏の「辞書の勉強」だ。私の学級でも行った。それを紹介する。

「赤」と黒板に書き、次のように問う。

> 自分が辞書を作る人になったつもりで、「赤」を説明しなさい。

・血の色　・りんごの色　・火の色　・夕日の色

などの考えが出てきた。

> 国語辞典で調べてみましょう。

子どもたちは、一斉に辞書を引き始めた。辞書の使い方は教えていない。赤の意味が知りたくて仕方がないようだ。

辞書には次のように書いてあった。

> 血や、もえている火のような色

血の色、火の色と予想した子は、とても喜んでいた。

> 次は、「青」を説明しなさい。

次こそは当てようと子どもたちはやる気に満ちている。

・海の色　・晴れた空の色　・ソーダ水の色

・ランドセルの色

などが出た。

そして、辞書を引くように伝えた。「青」を見つけた子どもたちから、「よっしゃ！」「あ〜」という声があがる。

「青」の意味は、次の通り。

> 晴れた空のような色。

子どもたちから「先生、もっと出して！」と問題をせがまれた。辞書の意味を予想し、辞書を引いて確かめるという学習が気にいったようだ。この後、「右」、「猫」を同様に進めた。

国語辞典の使い方は教えていないが、子どもたちは夢中で辞書を使っていた。また、何となく国語辞典の使い方に気がついていた。初めての国語辞典と楽しいご対面になった。

二　国語辞典の仕組みを教える

次の時間は、国語辞典の仕組みを授業する。教師が説明ばかりするのではなく、国語辞典を使った作業をしながらテンポよく授業したい。

> 国語辞典を引いた時、あお（青）といし（石）とでは、どちらが先に出てくると思いますか。

子どもたちに挙手させた。全員が、あお（青）だった。理由を聞くと、「最初の一文字を比べて、『あ』の方が先に出てくるから。」だという。

> あお（青）を調べなさい。

あお（青）は、四ページにのっていることを確認した。同様に、いし（石）も調べ、五十六ページにのっていた。

> 国語辞典には、言葉が「あいうえお」の順番にならんでいるのです。

> あお（青）とあか（赤）とでは、どちらが先でしょうか。

全員が、あお（青）と予想した。二文字目の『お』と『か』とで比べたという。あか（赤）を調べると六ページだった。子どもたちはやっぱりという表情をしていた。

> 上から二番目の文字も「あいうえお」の順番にならんでいます。三番目、四番目、その次も「あいうえお」の順番なのです。

その後、「はす・バス・パス」、「じゆう（自由）・じゅう（十）」を同様に進める。

三　国語辞典で言葉を素早く引く力をつける

国語辞典の仕組みが分かったら、調べたい言葉を素早く見つける力をつけたい。私の学級では、国語で毎時間五分「辞書引き競争」を行っている。

「辞書引き競争」は、教師が「いぬ（犬）」と言ったら、子どもたちが国語辞典で「いぬ（犬）」を探すのである。見つけた子は立ち、教師は「一番」「二番」と順番をつけていく。私は、クラスの三分の一が見つけたら終了している。全員が見つけるまでやると、早く見つけた子は何もすることがなくなり、教室が騒々しくなってしまうからだ。慣れてきたら、一番の子にお題を出させるとさらに子どものやる気が増す。

単純だが、子どもたちは熱中する。一年間続けると、どの子も素早く見つけることができるようになった。早い子は五秒で探せるようになった。継続は力なりである。

【参考文献】
向山洋一著『向山洋一年齢別資料集第20巻（アチャラ）』（東京教育技術研究所）、「向山型国語教え方教室」No.25
永田智子論文（明治図書）、「向山型国語教え方教室」No.61
河田孝文論文（明治図書）

第5章 最初の授業

⑱最初の地図帳指導
地名探しで地図帳好きにする

愛知県一宮市立萩原小学校　奥田修

一　地図帳を活用した楽しい授業

四年生から地図帳を活用した学習が始まる。学習指導要領には、三・四年生の内容に、「四十七都道府県の名称と位置」が、また、指導計画の作成と内容の取り扱いでは、「各学年において、地図や統計資料などを効果的に活用し、我が国の都道府県の名称と位置を身に付けることができるように工夫して指導する」と記されている。ただ、都道府県の名称と位置を学習プリントで繰り返しやらせているだけでは、社会科嫌いの子どもたちが増えてしまう。地図帳に関わる楽しい授業には、次の三つがある。

①地図帳を活用した地名探しをする。
②略地図をかいたり、「おてほんくん」（東京教育技術研究所）を使い直写したりする。
③ＴＯＳＳランドを活用する。

この三つの中で、最初の地図帳指導に適しているのは、「①地図帳を活用した地名探し」である。地名探しは、向山洋一氏の実践である。地図帳の活用は、授業開始の五分程度、毎時間行うのがよい。子どもたちが「もっとやりたいな」と思うところでやめる。そうすることで、子どもたちは地図帳を用意して、授業の開始を待つようになる。また、隣の席の子で問題を出し合う様子も見られるようになる。

二　地名探し（基本編）

地図帳を活用した地名探しは、次のように進めている。

①フラッシュカードで、一つの地方の都道府県名、県庁所在地を確認する。
②①で確認した地方を地図帳で見つけさせる。
③その地方にある地名の一つを教師が選び、板書する。
④見つけた児童は、赤鉛筆でその地名に○をつけ、その場に立つ。
⑤教師が起立した児童に、「一番、二番、三番・・・」と順位を付け、十名ほど起立したところで、教え合わせたり、隣同士確認させたりする。
⑥一番だった子が次の問題を出す。
⑦同じ手順で三問出す。

この活動は、ほとんど準備がいらない。しかし、はやく見つけたいので、どの子も熱中する。勉強が苦手な子がクラスのヒーローになることがある。そんな時は、教師が見つけた子どもの近くに行き、力強くほめる。また、子どもたち同士、教え合うことになるので、男女関係なく話をする機会にもなる。

三　地名探し（応用編）

地名探しは、最初はページを限定して行う。しかし、次のように応用させることができる。

①地図帳のページを指定しない。
②世界の国名・地名を出す。

地図帳のページを指定しないで地名探しをやると、児童は索引を活用するようになる。索引を活用して調べている子がいれば索引のページがあることを取り上げて、広めていけばよい。索引の指導から、地図帳指導を行うと楽しくなくなってしまう。

世界の地名を取り上げることは、五年生の社会科学習に役立つ。日本との位置関係もわかるようになる。ニュースで報道されている地名を取り上げると、子どもたちも興味をもつようになる。

四　楽しい地名探し

地図帳の活用は、楽しく、おもしろいものでなければいけない。例えば、次のようなものがよい。

①数字のつく地名（一戸、四日市など）
②クラスの教師や子どもたちの姓がつく地名
③動物の漢字がつく地名（犬山、相馬など）
④「富士」など、あることばがつく地名（富士、富士見、富士宮など）
⑤歴史人物や百人一首に関わる地名（織田、大江山など）

このような実践を行うと地図帳に対する興味が高まる。子どもたちもおもしろい地名を探してくるようになる。また、地域が限定されないので、索引の使い方も自然に身に付く。その他にも、「Google Earth」を活用して、その場所をスクリーンに示すと地名に関する子どもたちの関心はより高まっていく。

【参考文献】

小野隆行著『基礎学力強化プログラム　４年生』（明治図書）、谷和樹編集代表『向山型スキル・社会科の授業パーツ１００選』（明治図書）、「ＴＯＳＳ向山型社会」誌（ＴＯＳＳ社会科研究会）など

第5章 最初の授業

⑲最初の社会科資料集指導
正進社の社会科資料集さえあれば、一時間の授業を組み立てることができる

兵庫県南あわじ市立倭文小学校　榎本寛之

一　正進社の社会科資料集を採用せよ

社会の授業、一時間をどう進めたらいいか分からないという声を聞く。

以前の私もそうであったが、正進社の社会科資料集を使い始めてから、その不安は解消した。

正進社の資料集の特徴は次の通りである。

> ①作業を通して、資料を読み取ることができる。
> ②重要事項を確認する「まとめ」がある。
> ③学習内容を楽しく深めるコラムがある。

その上、社会の苦手な先生でも指導しやすいように、発問例や補足、解説が充実している。

これさえあれば、一時間の授業を組み立てることができるようになっている。

二　六年最初の資料集指導

六年生であれば、「縄文のくらし」の学習で使うと良い。

まず、「めあて」を読む。

> 縄文時代の人々は、どのようなくらしをしていたのでしょう。

このような「めあて」は、見開き二ページで一つ示されている。つまり、どのページも、この「めあて」に沿った資料が掲載されているのである。

ここでは「縄文時代の人々のくらし」を表した絵（想像図）が見開き二ページ全部を使って示されている。

大きくて、分かりやすい。

> この絵を見て、分かったこと、気づいたこと、ほんのちょっとでも思ったことをノートに書きなさい。時間は五分、できるだけたくさん書くんですよ。

ノートに①②③……と番号をふらせ、箇条書きにすることを教える。

この想像図が素晴らしい。

絵の中に「貝をとる」「土器をつくる」「ごみをすてる」

等の説明を書いてくれている。

子どもたちは、それをヒントに箇条書きにできる。

全員十個以上書けるはずだ。

五分後、何個書いたか確認し、名簿に記入する。

次に、書いたものを指名なし発表をさせる。

> 書いたことを発表してもらいます。先生は当てませんので、発表したい人が次々と立って発表します。
> 何人も立ったときは、譲り合って、発表していない人を優先します。では、○○さんから、どうぞ。

後が続きやすいように、最初の人だけ指名する。

書いたことを発表させるから、子どもたちは次々と発表していく。発表が途切れたら、評定する。

> 最初から発表する気がなかった人……C
> 発表しようと思ったけど、できなかった人……B
> 一回でも発表できた人……A

これを繰り返すことで発表する子が増えていく。

発表後、他の資料で確認をする。

発表の中にも出てきた内容の資料が示されている。


まずは、「資料ウォッチ」だ。

> ごみをすてていた場所を○で囲もう。

このように作業でキーワードを理解できる。

このような「資料ウォッチ」はすべてのページにある。

次に「縄文時代に使われた道具」の資料では、トレーシングペーパーを使って、狩りや漁に使った道具、縄文土器や土偶などを写させる。シーンとなって作業する。

コラムやキーワードを確認したあと、最後に「まとめ」を書かせる。

この「まとめ」は「めあて」に対応している。

> ①縄文時代の人々は、森で採集や狩りをしたり、海や川で漁をしたりして生活していた。
> ②人々は、たて穴住居に住み、土を焼いてつくった土器や、石でできた石器などの道具を使っていた。

□囲みの中の言葉を書き込むのだが、答えは、下の欄に書いてある。分からない子は、それを写せばよい。

第5章 最初の授業

⑳最初の理科実験指導

理科実験のノート指導を行いながら、実験の仕方、まとめ方を身に付ける

千葉県千葉市立磯部第二小学校　中村雄司

一　教科書の理科実験の進め方

理科の教科書には、実験の課題や方法など、わかりやすく載っている。教科書通りに進めることで、シンプルでわかりやすい授業を展開できる。

授業の大まかな流れは次の通りである。

①教科書を読む。
②課題をノートに書く。
③実験方法まで書いたらノートチェックをする。
④用具を準備して、実験をする。
⑤結果を簡潔にノートにまとめる。
⑥ノートチェックをする。

二　見開き2ページにまとめる

実験では、記録の仕方を教える。記録の仕方を教えることは、始めは時間がかかるが、身に付くとどんどんスピードアップしていく。

理科の実験は、見開き2ページでまとめていきます。見開きというのは、このようにして（実際に見せる）右と左の2ページのことです。新しいページを出しなさい。

（左ページ）	（右ページ）
課題	実験器具
実験方法	結果
予想	結論

三　実験方法まで書いてノートチェックをする

教科書を読みながら、「課題」「実験方法」などを書いていく。例えば、大日本図書の教科書なら、「課題」は「?」で書かれている。

> 教科書「?」のところを読みます。
> 「モーターの向きをかえるには、どうすればよいのだろうか。」課題、と書いて今読んだ部分を写しなさい。

このように、教科書と並行して、ノート作りを進めていく。教科書を読みながら、「実験方法」（図をたくさん描くとわかりやすい。）「予想」「実験器具」まで書かせてノートチェックをする。この時、グループごとに見に来させる。

> （グループで持ってきたノートを見て）
> 書いてない道具は貸しませんからね。
> （ノートを見て）
> ○○さんのグループは、「水」は使わないんですね。

もちろん、書き直して構わない。そして、全員できたグループから実験道具を取りに行って、実験を開始する。

四　実験をする

実験中は、グループを次々と回っていく。実験の結果に一緒に驚くと子どもはさらに興味を持って実験に取り組む。結果が予想と違う時、グループによって違う時は、全体で確認をした方がよい。そうしないと、実験は楽しかったが、結局どのような結論になったのかわからなくなってしまうからである。

片づけが終わったグループから、ノートのまとめに入る。

五　結果と結論をまとめる

実験が終わったら、右側のページに結果と結論をまとめる。

> 結果…わかったこと、考えたこと、感想など（図も）
> 結論…課題に対する答え。
> 　この実験からどのようなことが言えるのか。

最後の結論もできたらグループごとにノートチェックをする。このように、教科書通りに進めることで、シンプルでわかりやすく実験を進めることができるのである。

第5章 最初の授業

㉑最初の音楽指導
リズム打ち・リズムリレー
ふしづくり・ふしづくりの音楽教育

埼玉県戸田市立戸田南小学校　土信田幸江

一　リズム打ち・リズムリレー

> 先生のまねをしましょう。
> タンタンタンタン。（タンタンタンタン。）
> タンタタタン。（タンタタタン。）
> ターンタタン（ターンタタン。）
> 上手だね。最後、ちゃんと休めたね

最初の音楽の授業で、いきなり活動から入ります。先生の手拍子をよく聞いて、子どもがリズムを打ちます。子どもは、できたことがうれしくて、次々にやりたくなります。「音楽って楽しいな」「またやりたいな」と思わせることが大切です。音楽を演奏する上で、このように「模倣する」ということは、初期段階で極めて大切な要素です。

リズムリレー

> 一番最初の人から、一人ずつ手を一回叩いていきます。ちょっと練習してみましょう。
> 「パンパンパンパンパンパンパンパンパンパン」
> そう、上手だね。最後の人まで叩いたら終わります。

クラスの中で手拍子リレーしていく活動です。一見簡単そうな活動ですが、途中で止まってしまったり、最初のうちは最後まで続かないことがほとんどです。毎時間少しずつ時間をとって練習します。さらに、

> 最後の人まで何分でいくかな。計ってみましょう。
> （○分○秒と黒板の隅に書いておく）

> もっとタイムを縮めるにはどうしたらいいかな。

タイムを縮めるポイントは、相手の手拍子をよく聞いて、自分が叩きながら、次の人に渡すようにすることです。その事が体感できると、相手の音を「よく聞く」という音楽的な態度ができます。また、これは友達とのコミュケー

ション能力も育てます。

二　ふしづくり

音楽授業の中でもわらべ唄の音階を通して、教師が子どもに歌いかけたり、復唱してもらったりします。

【追い歌】

みなさん。（みなさん。）
はあい。（はあい。）
なまえよびあそびを　しーましょ。（なまえよびあそびを　しーましょ。）
しーましょ。（しーましょ。）

【交代歌い】

さあ、みなさん。（はあい）
なまえよびあそびを　しーましょ（しーましょ）

【名前を呼び歌う】

〜くん（はあい）
〜さん（はあい）
おわりましょ（おわりましょ）

【あたまとり遊び】

あたまとりあそびを　しーましょ（しーましょ）
かか　かのつくものは　なあに（なあに）
かか　かぶとむし（かか　かぶとむし）

ふしづくりの音楽教育について

岐阜県の山本弘氏は、昭和三十七年に音楽教育の実態を把握するため、全国指導主事会議で岐阜県の『音楽能力表』とそれに準じた『能力テスト（ソノノート）』を紹介しました。そのテストで測られた児童・生徒の音楽能力が小学校一年生からほとんど変わっていないという事実に直面し、育てるべき音楽能力を七つ示しました。その中でも、どんな音楽でも体で反応し流れを外さない力として、「拍の流れに乗る力」をすべての基礎として重視しています。そして、「わらべ唄あそび」が拍の流れに乗る力を育てるために極めて有効であるとしています。

こういったふしづくりの音楽教育については、ＴＯＳＳ音楽セミナーでライブで学べます。

【参考資料】ＴＯＳＳランド No.2685769「ふしづくり水野彰子氏の修正追試」島村雄次郎
山本弘 著『音楽教育の診断と体質改善 〜音楽能力表とふしづくりの一本道〜』（明治図書　一九六八年）

第5章　最初の授業

㉒最初の体育授業開き
健康生活、衛生面への配慮、友達と仲良く協力することを語れ

兵庫県明石市立花園小学校　溝端達也

一　なぜ、体育の授業をするか

新学期に授業開きをするとき、子どもたちに必ず話しておきたいことがある。どんな話をするか。

体育の授業をどうしてするのか。

という趣意説明である。

向山洋一氏は、授業の原則十カ条の中で次のように示している。

第一条　趣意説明の原則　指示の意味を説明せよ

では、体育の授業開きでは、どのような趣意説明が必要なのか。初めての体育の授業ではどのようなことを子どもたちに語ってあげればよいのか。

次のようなことが語りのポイントになる。

一　体育の授業が健康生活に向けての生活であることを強調する。単に、体育技能の習得だけではないこと。
二　体育の授業は、運動面よりも生活面をきちんとすることや仲間との協調性を強調する。

二　一年の子どもたちにどのように語るか

実際に一年生の子どもたちに語ったシナリオを以下に示す。

先生の周りに座ってごらん。

（子どもたちの目線に合わせて）

この中で体育の授業が好きな人、手を挙げて。

（ほとんど子が挙手）

うわー。すごい。先生もうれしいなあ。では、体育ができるようになるとっておきのコツを教えます。

三つあります。知りたい人？

（全員が手を挙げる）

体育ができるようになるコツの一つ目。

学校を休まないこと。

（子どもたちは「えっ」という反応。）

学校を休む人は、体育ができないでしょう。だから、学校を休まない子は、できるようになります。

体育ができるようになるコツの二つ目。

手洗いうがいを毎日できる。

（子どもたちは「えっ」という反応。）

手洗いうがいを毎日きちんとできる子は、かぜをひいたり、体調をくずしたりしにくいのです。体が元気でないと体育できないでしょう。だから、手洗いうがいをきちんとできる人は、体育ができるようになります。

体育ができるようになるコツの三つ目。

お友達と仲良くできる。

もう一つ付け加えるなら、お友達と仲良くできることです。体育の授業では、お友達と一緒にすることが多いです。お友達と仲良くできない人は絶対にできるようにはなりません。学校を休まない人、手洗いうがいを毎日きちんとできる人、お友達と仲良くできる人が体育のお勉強がよくできる人なのです。

体育授業の趣意説明にはいれないが、この他に付け加えるとすれば、次のようなことであろう。

①体育授業を見学するときは何をするか。

②忘れ物（体操服、帽子、跳び縄）のとき、どうするか。

③体育授業の初めは何をするか。

それぞれ学校に応じての取り組めがあればそれに準じる。

三　体育授業開き語りの三原則

原則一　「体育館で語れ」

体育の授業の開きをするなら、体育館をお勧めする。体育館ならば、他のクラスの子どもたちもいない。しかも、周りの刺激も外に比べると少ない。子どもたちを床にきちんと体育座りをさせて、目をあわせて話をすることができる。

原則二　「手短かに語れ」

長々と語ってはいけない。一分三十秒が目安だ。子どもたちは早く体を動かしたいとみんな思っている。

長い話は、子どもたちの意欲を低下させてしまう。

原則三　可測的な行動で語れ

「学校を休まない。体育の授業を休まない。」

「遅刻をしない。」

「手洗いうがいをきちんとする。」

これらは、みんな可測的な行動だ。子どもたち自身ででき たかどうか評価しやすい。

このように、わかりやすい行動基準を示してあげるとよい。

第5章 最初の授業

㉓最初の毛筆指導　準備から後片付けまでの指導

最初の指導は「準備」がポイント
毛筆の学習システムを教える

埼玉県川越市立高階小学校　小峯学

初めての「毛筆指導」は「事前の準備」につきる。学習のシステムを最初の時間に教えるために、「教師の準備」が重要なポイントとなる。

一　「教師」「子ども」の準備とは

教師は事前に以下のことを準備する。

①教室前方（黒板側）に新聞紙を敷き、水を入れたバケツ（筆を洗う）を用意する。（先生に筆を借りた子ども用）
②バケツのそばに、雑巾を2～3枚置く。
③教室の前と後ろにゴミ箱を置く。
④子どもの机は前後左右腕一本分くらい開けさせる。
⑤お手本（教科書のお手本を半紙の大きさに拡大）人数分
⑥忘れた子どものために以下のものを用意しておく。
筆（太・細）・硯・文鎮・下敷き・墨汁・新聞紙等

子どもは以下のことを準備しておく。事前に学年通信や懇談会等で家庭に知らせておくとよい。

①作品保管用の新聞紙で作ったファイルを用意する。（洗濯バサミにひもを付け、机の脇に掛けられるようにする）
②筆は家でお湯につけ、ほぐさせておく。
③体育着（上着）を着用させる。
④ジャンパー等の上着は椅子に掛けさせせない。
⑤習字セットを机の上に置かせる。（次回からは、習ったように自分で準備する）

忘れた子は、休み時間中に借りに来させ、授業が始まってからは貸さないことを伝える

二　「毛筆の学習システム」を教える

授業に入る。指示は「一時に一事」が原則。そして「確認」が重要である。

指示　新聞紙を一枚出し半分に折りなさい。机を汚さないように机の上に敷きます。
指示　習字セットから硯を出します。机の右側に置きなさい。硯は窪んでいる方が上です。
指示　下敷きを出して、机の真ん中に置きます。
指示　文鎮を出して、下敷きの上の方に置きます。
指示　半紙を一枚出します。

説明　半紙には表と裏があります。「つるつる」している方が表です。
指示　半紙の表を上にして、下敷きの上に置きなさい。
指示　半紙を文鎮で止めます。
確認　お隣同士で確認します。
指示　次回から、ここまで休み時間にやっておきます。

それぞれの道具の位置は板書するとわかりやすい。このシステムは年間を通して行わせる。

三　「一時に一事」でリズム・テンポよく

筆の持ち方、姿勢を指導する。

指示　墨汁を出します。キャップがしっかりしまっていることを確認しなさい。
指示　スプレーを持つときのように墨汁を持ちます。
指示　逆さまにします。元に戻します。このようにゆっくりと十回墨汁を混ぜます。ゆっくりとやるのがコツです。泡が立ちにくいのです。
指示　十回上下したら、硯の八分目まで墨汁を入れなさい（硯を板書し、八分目に線を書く）。
指示　太筆の真ん中あたりを、人差し指・中指・親指の三本でつまみなさい。
確認　お隣り同士確認をします。
指示　腰骨を立て、背筋を伸ばしなさい。おへそと机の間は「こぶし一個分」です。
指示　筆を持ったまま、右腕を指揮者のように構えます。
指示　構えたまま手首を動かさないように○を描きます。墨はつけさせない。手首をこねないことを徹底する（教師が実際にやってみせる）。
（教師が書いた「渦巻き」の絵を黒板に提示する）
指示　紙いっぱいにできるだけ多くの「渦巻き」を書きなさい。ただし、線同士ぶつかってはいけません。
丁寧に一枚書きます。できたら筆を置いて姿勢を正します（何個の渦巻きが書けたか全員に問う）。
発問　たくさん渦巻きを書くためにはどうしたらよいですか。筆を　ア 斜め　イ 立てる　ウ 寝かせる
「イ」を確認し、もう一度書かせる。
説明　筆はいつも立てて書きます。
書いた半紙で硯に残った墨汁、太筆の墨を染み込ませる。筆は家に持ち帰り、洗うように指示する。

【参考資料】TOSSランド No.1113021、No.1113109「3年生初めての毛筆」石井研也氏・三浦弘氏

◎監修者紹介

向山 洋一（むこうやま　よういち）

東京生まれ。68年東京学芸大学卒業後、東京都大田区立小学校の教師となり、2000年３月に退職。全国の優れた教育技術を集め、教師の共有財産にする「教育技術法則化運動」TOSS（トス：Teacher's Organization of Skill Sharingの略）を始め、現在もその代表を務め、日本の教育界に多大な影響を与えている。日本教育技術学会会長。

◎編集者紹介

木村 重夫（きむら　しげお）

1960年埼玉県生まれ。横浜国立大学教育学部卒。埼玉県公立小学校教諭。「NPO子どもの夢TOSS埼玉」代表。「算数教科書教え方教室」（明治図書）副編集長。教科書をリズムとテンポ良く教えて、平均90点を突破する向山型算数の指導法では定評がある。

フレッシュ先生《せんせい》のための「はじめて事典《じてん》」

2013年3月20日　初版発行

監　修　向山洋一
編　集　木村重夫
発行者　青木誠一郎
発行所　株式会社 学芸みらい社
〒162-0833 東京都新宿区箪笥町43番 新神楽坂ビル
電話番号 03-5227-1266
http://www.gakugeimirai.com/
E-mail : info@gakugeimirai.com
印刷所・製本所　藤原印刷株式会社
ブックデザイン　荒木香樹

ISBN978-4-905374-18-3 C3037

学芸みらい社の既刊

日本全国の書店や、アマゾン他のネット書店で注文・購入できます!

先生も生徒も驚く
日本の「伝統・文化」再発見

松藤 司 著　　A5判　176ページ　定価:2100円(税込)

日本の「伝統・文化」はこんなに面白い!!

日本の文化を教えてください!……と外国人に問われたら?
日本の文化を知らない大人が増えている!　日本の素晴らしい伝統・文化を多くの人々、とりわけ日本の未来を担う子どもたちや学生に伝えていくために、日本のすべての教員や大人にとって必読・活用の書。未来を担う子どもたちや学生に伝えよう!

父親はどこへ消えたか
映画で語る現代心理分析

樺沢紫苑(精神科医)　著　四六判　298ページ　定価:1575円(税込)

現代の父親像、リーダーシップを深く問う渾身の一冊!

ワンピース、エヴァンゲリヲン、スターウォーズ。スパイダーマン、ガンダム……映画に登場する父親像を分析、現代の「薄い父親像」のあり様と、今後の「父親像」に関してのあるべき処方箋を出す!全国各地で話題の書。

先生と子どもたちの学校俳句歳時記

星野高士、仁平勝、石田郷子 著
上廣倫理財団 企画

四六判　304ページ
定価:2625円(税込)

人間の本能に直結した画期的な学習法!!

元文部大臣・現国際俳句交流協会会長　有馬朗人推薦「学校で俳句を教える教員と創作する児童生徒にぴったりの歳時記だ」「日本初!学校で生まれた秀句による子どもたちの学校俳句歳時記」小・中・高・教師の俳句を年齢順に並べてあり、指導の目安にできます。分かりやすい季語解説・俳句の作りかた・鑑賞の方法・句会の開き方など収録、今日から授業で使えます。

学芸みらい社の既刊

日本全国の書店や、アマゾン他のネット書店で注文・購入できます！

アニャンゴの新夢をつかむ法則

向山恵理子 著　新書判　224ページ　定価:950円（税込）

新しく夢をつかみとってゆく。

私の青春は、焦りと不安と挫折だらけであった。音楽修業を決意し出発はしたものの9・11テロでアメリカに入国さえできずに帰国。ケニアでは、ニャティティの名人には弟子入りを即座に断られ……しかし、いつもあきらめずに夢を追い続けることが、今の私を作ってきた。そして私の夢はどこまでも続く!!

もっと、遠くへ

向山恵理子 著　四六判　192ページ　定価:1470円（税込）

ひとつの旅の終わりは、次の夢の始まり。

夢に向かってあきらめずに進めば、道は必ず開ける！　世界が尊敬する日本人100人（ニューズウィーク）にも選ばれた“アニャンゴ”の挑戦記！　世界初の女性ニャティティ奏者となって日本に帰ってきたアニャンゴこと向山恵理子。……世界での音楽修業のあれこれ……しかし、次々やってくる、思わぬ出来事!!　試練の数々!!

日本人の「心のオシャレ」
「生き方のセンス」が人生を変える

小川創市 著　四六判　226ページ　定価:1575円（税込）

「人を幸せにする、心のあり様」を取り戻す

日本人が誰もが持つ「心のオシャレ」というものを突き詰めていくうちに見えてきたのは全人類に共通する「普遍的なもの」だったのです。それは「思いやり」であり、相手の立ち場に立ってみることができることであり、また人を幸にすれば、回りまわってやがては自分に返ってくるという単純なことなどです。「心のオシャレ運動」推進中!!